Lady Gaga
Biografia

Lady Gaga
Biografia

Helia Phoenix

Tradução
M. Lopes

lua de papel

Título original: *Lady Gaga Just dance: the biography*

Preparação de texto: Flávia Schiavo e Sandra Scapin
Revisão: Bel Ribeiro
Diagramação: S4 Editorial
Capa: Retina 78

DADOS INTERNACIONAIS DE CATALOGAÇÃO NA PUBLICAÇÃO (CIP-BRASIL)
Ficha catalográfica elaborada por Oficina Miríade, RJ, Brasil.

C157 Phoenix, Helia, 1980-
Lady Gaga: biografia / Helia Phoenix ; tradução: M. Lopes. – São Paulo : Lua de Papel, 2010.
246 p.: il. color.

Tradução de: *Lady Gaga: just dance: the biography*.
ISBN 978-85-63066-26-8.

1. Lady Gaga, 1986-. 2. Germanotta, Stefani Joanne Angelina, 1986-. 3. Biografia. 4. Cantoras americanas – biografia. I. Título.

10-0018 CDD 927.82

TEXTO EDITORES LTDA.
[Uma editora do grupo Leya]
Av. Angélica, 2163 – Conj. 175/178
01227-200 – Santa Cecília – São Paulo – SP
www.leya.com

Para todos os monstrinhos que entendem
que nunca se pode amar suficientemente a música.

Agradecimentos

Este livro é dedicado a muitas pessoas, mas em particular à minha mãe, que nunca me deixou esquecer que escrever era o meu sonho. E por cuidar de mim sempre que precisei descansar de mim mesma.

Este livro nunca teria sido possível sem o constante amor, apoio e as xícaras de chá de Shane, que também me ajudou a entender quando era o momento de tomar um banho mental e abandonar o trabalho por algum tempo.

Meus agradecimentos especiais a Hannah, por ser uma constante fonte de inspiração durante toda a escrita deste livro, e por ser uma boa amiga desde Cardiff até Berkeley, e mais além. Agradeço também a Pámela, por suas palavras bondosas durante todo este projeto e sua amizade através dos anos.

Milly e Jane e todos da Orion, muito obrigada pela ajuda e por formarem uma equipe maravilhosa. Helen Pope e Ishmael Reed, obrigada por serem os melhores professores que já tive. Agradeço, ainda, a toda minha família e a meus amigos, por serem fantásticos – o pessoal de Cardiff, a turma de Kruger, as "irmãs" –, todos vocês. Este livro é também dedicado à memória do meu grande amigo Geoff.

E um agradecimento final e especial a você, Lady Gaga, por trazer a inteligência, o novo e o fascinante de volta ao *pop*. Continue seu incrível trabalho – o mundo dos espetáculos não será o mesmo sem você.

Sumário

Relação de fotos

Seção 1

Foto 1. Mannheim, Alemanha – Lady Gaga no "The Dome 47".
© Ronald Wittek/dpa/Corbis/Corbis (DC)/Latinstock

Foto 2. Braunschweig, Alemanha – Lady Gaga no "Wetten dass...?".
Fotógrafo: Pool. © REUTERS/Reuters/Latinstock

Foto 3. Lady Gaga fotografada em Nova York, em maio de 2008.
© Candice Lawler/Retna Ltd./Corbis/Corbis (DC)/Latinstock

Foto 4. Los Angeles – Lady Gaga no 52º Grammy, em janeiro de 2010.
© Dee Cercone/Everett Collection/Everett Red Carpet/Latinstock

Foto 5. Los Angeles – Performance de Lady Gaga no American Music Awards 2009.
Fotógrafo: Mario Anzuoni.© REUTERS/Reuters/Latinstock

Foto 6. Inglaterra – Performance de Lady Gaga no Glastonbury Festival, 2009.
Fotógrafo: Luke MacGregor. © REUTERS/Reuters/Latinstock

Foto 7. Los Angeles – Lady Gaga segurando seus dois prêmios Grammy no 52º Grammy Awards.
Fotógrafo: Lucy Nicholson. © REUTERS/Reuters/Latinstock

Foto 8. Nova York – Lady Gaga no MTV Video Music Awards 2009.
Fotógrafo: Lucas Jackson. © REUTERS/Reuters/Latinstock

Foto 9. Cyndi Lauper e Lady Gaga.
Fotógrafo: Kyle Ericksen. © Fairchild/Latinstock

Seção 2

Foto 1. Nova York – Lady Gaga com seu prêmio nos bastidores do MTV Video Music Awards 2009.
Fotógrafo: Lucas Jackson.© REUTERS/Reuters/Latinstock

Foto 2. Nova York – Performance de Lady Gaga em "Paparazzi" no MTV Video Music Awards 2009.
Fotógrafo: Gary Hershorn.© REUTERS/Reuters/Latinstock

Foto 3. Las Vegas – Lady Gaga em um evento de mídia.
Fotógrafo: Mario Anzuoni. © REUTERS/Reuters/Latinstock

Foto 4. Londres – Lady Gaga segura um de seus prêmios na cerimônia do 30º Brit Awards.
Fotógrafo: Suzanne Plunkett. © REUTERS/Reuters/Latinstock

Foto 5 e 6. Lady Gaga na apresentação da Coleção Primavera 2010 do estilista Marc Jacobs.
Fotógrafo: Steve Eichner. © Marc Jacobs/Fairchild/Latinstock

Foto 7. Lady Gaga no ACE Awards 2009, com figurino de Marc Jacobs.
Fotógrafo: Steve Eichner. © Fairchild/Latinstock

Fotos 8, 9 e 10. Cenas de Lady Gaga e Beyoncé no videoclipe de "Telephone".
© NYT/The New York Times/Latinstock

Foto 11. Participação de Lady Gaga em "The Last Days of Disco Stick", episódio 310 da terceira temporada de *Gossip girls*.
Fotógrafo: Giovanni Rufino. ©CW Network/Courtesy Everett Collection / Everett Collection/Everett/Latinstock

Capítulo Um
Nasce uma estrela

Stefani gritou de alegria quando seu pai a levantou e rodopiou com ela ao som da música, enquanto um disco de Bruce Springsteen girava no toca-discos da sala. Junto dele havia discos de Pink Floyd, Led Zeppelin, The Beatles, Billy Joel, Rolling Stones e Elton John – todos que seu pai adorava colocar para dançar com a filha.

Nascida em 28 de março de 1986 em Yonkers, Nova York, Stefani Joanne Angelina Germanotta esteve sempre cercada por música. Cresceu a dois quarteirões do memorial a John Lennon na cidade de Nova York e próximo do Dakota, o prédio de apartamentos ao lado do Central Park onde John vivia com Yoko Ono quando foi assassinado.

Até mesmo as refeições eram momentos musicais na casa dos Germanotta. Por causa da origem latina de sua família, havia sempre uma apetitosa comida italiana na casa, como almôndegas e molhos condimentados, e enquanto comia a família costumava ouvir discos do cantor de ópera italiano Andrea Bocelli ou de Frank Sinatra, cujos pais eram imigrantes italianos.

Foi nesta tenra idade, enquanto escutava os duetos de Frank Sinatra com seu pai, que a jovem futura estrela começou a se interessar pelo teatro. Ela sempre foi a filhinha do papai, e o que mais gostava era ficar ao lado do toca-discos ouvindo Sinatra cantar com Gladys Knight e Stevie Wonder em "For once in my life", ou Sinatra e Luis Miguel fazendo um dueto em "Come fly with me".

Seus pais ítalo-americanos eram amorosos e queriam que suas filhas, Stefani e sua irmãzinha Natali, buscassem realizar seus sonhos. O pai Joseph era um empresário da internet e a mãe Cynthia trabalhava em telecomunicações. A família era abastada e morava no Upper West Side de Nova York, o que propiciou a Stefani e sua irmã terem praticamente tudo o que queriam quando crianças. Apesar de Stefani se lembrar de ter tido uma infância realmente fantástica, seus pais não mimaram suas filhas. Ambos trabalhavam muito e queriam criá-las para ser determinadas, respeitosas e agradecidas pelo que tinham.

Uma maneira pela qual Cynthia decidiu fazer isto com Stefani foi colocando-a para aprender piano. Ela queria que sua filha aprendesse um instrumento porque adorava música, mas também para instilar na menina um senso de disciplina. A jovem Stefani não queria praticar, no entanto sua mãe estava determinada a fazê-la se sentar diante do piano, quer praticasse ou não.

"Você não tem que praticar, mas tem que ficar sentada aí uma hora por dia. Não precisa tocar – mas tem que ficar sentada", dizia ela à sua filha. Stefani dava socos nas teclas em sinal de protesto, recordando mais tarde: "Fui realmente uma criança má!".

Apesar disso, sua mãe não cedeu. Depois de ficar dias sentada diante do piano com os braços cruzados, finalmente Stefani ficou entediada e começou a tocar. Ela adorava tocar piano, mas detestava as aulas e praticar suas escalas. Stefani gostava de tocar de ouvido, que achava muito mais fácil, mas no fim a prática compensou. Ela aprendeu depressa e rapidamente se tornou muito boa em piano clássico.

Uma coisa é certa: quando Cynthia fez sua menina de 4 anos ficar sentada diante do piano até aprender a tocá-lo, não tinha ideia de que, quase vinte anos mais tarde, a filha estaria tocando diante de milhares de fãs – em sua roupa de festa. Também não tinha ideia de que, nesta ocasião todos, incluindo ela, chamariam sua filha por um nome diferente: Lady Gaga.

Desde muito cedo a jovem Stefani adquiriu um prazer em chocar as pessoas, o que incluía um incidente em que recebeu a babá na porta – de maneira inocente – completamente nua. "Descobri muito cedo minha paixão pela arte do choque", ela disse. "Sempre quis ser uma estrela. Sempre quis ser algum tipo de veículo comercial que tivesse a atenção do mundo e pudesse dizer e fazer coisas para inspirar as pessoas. Isso foi sempre o que eu quis fazer."

Ela certamente praticou muito para isso, cantando com Michael Jackson, Madonna e Cyndi Lauper em seu toca-fitas de plástico. Foi profundamente influenciada pela música *pop* e adorava assistir na televisão a programas como o MTV Video Music Awards. Costumava enrolar uma grande manta em torno do corpo – uma manta xadrez que sua avó havia tricotado – como se fosse um traje de noite. "Eu corria pelo porão comendo pipoca e gritava excitada, esperando que eles começassem", recordou mais tarde ao dar uma entrevista para o *Newsweek*. "Adorava os grandes espetáculos *pop*. Lembro-me de Alicia Keys, que fez uma linda apresentação, e de Michael Jackson com NSYNC."*

Seu amor pela atuação também começou cedo. Quando seus pais saíam para comer nos pomposos restaurantes do Upper West Side, ela dançava em volta da mesa usando grissinis como batuta.

* N Sync, ou NSYNC, foi um grupo musical norte-americano formado por Lance Bass, JC Chasez, Joey Fatone, Chris Kirkpatrick e Justin Timberlake, que esteve em atividade de 1995 a 2002 (http://pt.wikipedia.org/wiki/%27N_Sync, acesso em 2/Jun./2010). (N. T.)

Sempre foi uma *entertainer*, descrevendo-se como "canastrona" quando ainda era uma menininha. "Algumas pessoas simplesmente nascem estrelas", ela disse mais tarde à coluna News of the World da revista *Fabulous*. "Ou você é ou não é, e eu definitivamente nasci uma estrela. Mesmo quando criança, sempre tive os olhos dos outros sobre mim, como abelhas no mel. Sempre fui ultrajante e muito inteligente."

Foi na mesma idade precoce que esta criança ultrajante e inteligente começou a experimentar desenhar ela própria suas roupas. Sua primeira performance no primário foi em *The Billy Goats Gruff*, em que desempenhou o papel do grande bode.

Stefani decidiu que nenhuma roupa comprada funcionaria, e também não usaria papel machê como as outras crianças da sua classe. Em vez disso, ela mesma fez os chifres do seu bode de papel-alumínio e cabides de arame. Desnecessário dizer que foi a estrela da peça.

Stefani também já estava absorvendo de sua mãe o fino gosto por roupas, uma paixão que viriam a compartilhar no futuro. Cynthia realmente adorava moda, e tinha um gosto italiano clássico, vestindo regularmente estilistas como Salvatore Ferragamo, Valentino e Paloma Picasso.

A irmã caçula de Stefani, Natali, ainda criança percebeu a determinação e a ambição de sua irmã mais velha. "Nós brigávamos e ela dizia: 'Por que você sempre tem que ser a melhor?'", recordou Gaga em 2008, em um de seus vídeos da *Transmission*. "Ela não faz mais isso. Agora diz: 'Seja a melhor! Eu adoro quando você é a melhor!' Não conheço ninguém que queira estar em segundo lugar."

Estar em segundo lugar definitivamente não era uma opção para Stefani. Ela se entregava totalmente a qualquer coisa que fazia, e não ficava contente até ter conseguido o melhor possível. Isto se traduziu em uma dura ética de trabalho em relação às lições de casa, e ainda mais dura quando se tratava de música.

Embora muitos jovens desenvolvam seu desejo de ser astros e estrelas quando entram no ensino médio, este não foi o caso de Gaga. Estando matriculada em uma escola particular de elite em Manhattan, ela estava prestes a conviver com algumas alunas muito famosas.

Capítulo Dois
Alunas católicas

Os pais de Stefani mandaram-na para o Convent of the Sacred Heart (Convento do Sagrado Coração), a mais antiga escola para meninas de Manhattan. A escola foi fundada em 1881 pela Society of the Sacred Heart, composta por freiras dedicadas a educar as filhas das famílias católicas da classe alta.

Ser aluna do Convent of the Sacred Heart era um grande privilégio. Estabelecido em duas belas mansões do Upper East Side, a escola privada apenas para meninas era uma das mais seletivas de Nova York, e seu custo girava em torno de 34 mil dólares por ano. Tendo ganho dinheiro com negócios na internet, os pais de Stefani queriam que a filha tivesse a melhor educação que o dinheiro pudesse comprar.

A escola teve algumas alunas muito famosas mesmo antes da chegada de Stefani, como Caroline Kennedy (filha do presidente assassinado John Kennedy) e Jordana Brewster (a atriz que trabalhou em *The fast and the furious* – "Velozes e furiosos"). E isso sem mencionar as alunas mais famosas do Sacred Heart: Paris e Nicky Hilton.

A escola também tem seu nome mencionado em alguns filmes; por exemplo, as garotas do filme *Nick & Norah's infinite playlist* ("Uma noite de amor e música") a frequentavam, e estavam vivendo a vida que muitas sonham. O baile anual parecia uma passarela de Ralph Lauren, com a presença de algumas das jovens mais privilegiadas do mundo.

Quando o Sacred Heart foi fundado, a escola tinha aulas destinadas a educar as jovens nas virtudes e comportamentos apropriados sociais, requerendo no currículo as matérias etiqueta, francês e arte, entre outras.

Mais de cem anos depois, a escola pouco havia se modernizado. Irmã Nancy Salisbury, a diretora quando Stefani entrou, estava determinada a fazer com que todas as alunas tivessem uma educação completa, o que significava lhes ensinar questões importantes além de educação formal. Por isso, as alunas assistiam a aulas de economia, política, educação sexual e computação, assim como um programa de artes aprimorado.

Isto se mostrava perfeito para a jovem Stefani, que estava determinada a seguir seu amor pela música. Então, com as aulas em geral tediosas de literatura e matemática, ela conseguiu se concentrar em estudar piano, canto e teatro – três coisas que adorava. Circulava entre uma aula e outra, caminhando sobre grossos tapetes e pisos de madeira encerada, cercados por estátuas de mármore e amplas escadas. Mais parecia o cenário de um musical ou filme luxuoso do que o tipo de lugar onde você espera encontrar centenas de alunas perambulando. E foi exatamente nesse lugar que Stefani começou sua educação quando adolescente, iniciando sua viagem de autodescoberta até a idade adulta.

Considerando os tipos de meninas que frequentavam a escola, não espanta que o Sacred Heart seja a inspiração para tantas séries de

TV e livros para adolescentes. Estabelecido em duas enormes mansões na famosa Quinta Avenida de Nova York, com suas escadarias de mármore e seus querubins decorando os muros externos, corre o boato de que a série de TV *Gossip Girl* foi baseada no Sacred Heart. Há rumores de que a ação, em *Gossip Girl* – drogas, bebida e namorados e namoradas infiéis –, costuma enfurecer as principais escolas particulares de Manhattan.

Embora a fábrica de boatos tenha muitas histórias sobre o comportamento selvagem das garotas do Sacred Heart, na verdade a escola era muito rígida, com regras tradicionais para mantê-las na linha. Por exemplo, quando Stefani era deixada na escola de manhã, uma irmã a recebia e Stefani tinha de lhe fazer uma reverência.

Sendo uma escola católica, grande parte do que o Sacred Heart ensinava baseava-se na religião, na moralidade e na disciplina – absolutamente o oposto do que a figura pública de Lady Gaga se tornaria. O uniforme também era austero. Na escola secundária, as meninas tinham de usar saias de algodão azul no verão e de lã xadrez no inverno. As irmãs tinham até um bastão de medida para garantir que as saias estivessem no comprimento certo. Na escola primária, as meninas menores tinham de usar aventais xadrez azul e branco, com uma camiseta cinza e *short* azul para preservar o recato. É quase certo que este ambiente austero teve uma influência no futuro estilo de Lady Gaga e em sua escolha por roupas excêntricas.

Embora Stefani declare que não seguia o código de vestuário e costumasse se vestir diferentemente das outras garotas, suas amigas insistem em que ela era muito bem-comportada na escola.

"Nós estávamos em uma escola de crianças ricas, mas com boa moral", recordou Cristina Civetta, escritora e *designer* de moda de Nova York que frequentou o Sacred Heart com Stefani e com ela participou de um retiro religioso em um mosteiro de Nova York quando estavam no colégio. "Stefani era uma aluna que só tirava notas ótimas e usava sua saia no joelho, como deveríamos usar, e meias três quartos. Stefani é uma boa menina, realmente doce e normal", acrescentou, quando foi entrevistada pelo *Daily Mail*.

Embora a lista de alunas do Sacred Heart parecesse um *Who's Who* da alta sociedade, Stefani não era popular com as meninas de lá. Paris e Nicky Hilton frequentaram a escola, mas eram alguns anos mais velhas do que Stefani. Na verdade, quando ela lá ingressou, Paris já saíra para frequentar outra escola privada de elite de Nova York, a Dwight School, para cursar o primeiro e o segundo anos da faculdade. Stefani só conseguiria ver Nicky nos intervalos das aulas, no corredor, e na verdade nem a conhecia.

No entanto, embora nunca tenha saído com Nicky ou suas amigas da alta sociedade, Stefani tinha informações sobre elas a distância – o bastante para ensiná-la a ser ela mesma. Ela se lembra de que eram "bonitas e muito limpas. Muito, muito limpas". Na verdade, ficava impressionada com o fato de estarem o tempo todo impecáveis – com seu cabelo e maquiagem perfeitamente arrumados. Captava os olhares delas maquiando-se nos banheiros de chão de mármore da escola e as achava criaturas fascinantes de observar.

"O que acho que era interessante em frequentar essa escola é que havia algumas garotas que tinham montanhas de dinheiro, algumas que não o tinham e outras estavam no nível intermediário", disse Stefani à revista gay *Fab*. "Havia loiras, morenas, garotas com pretensões artísticas, garotas descoladas; tínhamos de tudo lá."

Certamente existia uma mescla de pessoas na escola, e, embora houvesse algumas rebeldes, Stefani não era uma delas. Segundo uma de suas grandes amigas, uma garota se embriagou e deu um soco tão forte na irmã Nancy que a nocauteou; contudo, esse tipo de comportamento era raro. Stefani e suas colegas de escola tinham de realizar quatro horas de lição de casa todas as noites, e por isso havia pouco tempo para saírem e ficar loucas durante a semana.

Então, se Stefani não era a garota mais bonita nem a mais popular da escola, onde se ajustava entre a elite? A verdade é que não se ajustava. Em 2007, ela disse ao *Women's Wear Daily* que as garotas da escola costumavam implicar, dizendo: "O que você é, uma lésbica? Ninguém está olhando pra você".

Ela se descreveu como uma "garota esquisita" na escola, que fazia teatro, cantava nos corais e nas bandas, ia para a escola com muito batom vermelho ou penteados estranhos, "ou qualquer coisa que eu estivesse fazendo para chamar a atenção", ela disse, rindo, em uma entrevista ao *About.com*.

Estava mais interessada em arte e música do que nos rapazes – algo que muitas garotas achavam esquisito. Porém, o que ela realmente adorava eram seus estudos de história e música, e por isso se dedicava a eles. Continuou a estudar piano, instrumento em que se tornou muito boa, e também aprendeu um pouco de gaita de boca.

Entretanto, houve um momento fundamental em sua jovem vida que a colocaria firmemente no caminho para o futuro estrelato, um momento em que o destino resolveu ajudá-la.

Capítulo Três
O destino a escuta

Certo dia, depois da escola, Stefani estava em uma butique no centro de Nova York. Lá, enquanto observava os tutus de cores fluorescentes e as camisetas com amplo corte no pescoço e cores brilhantes, começou distraidamente a cantar para si mesma, sem perceber que havia alguém escutando. Mas havia. Um dos funcionários da loja, chamado Evan, a ouviu cantar e perguntou se era cantora. Stefani deu uma risadinha e, timidamente, disse que não; entretanto, Evan ficara impressionado com sua voz, e lhe disse que procurasse seu tio, que era professor de canto.

Stefani não conseguia acreditar. Parecia uma ótima oportunidade. Mas conteve seu entusiasmo. Provavelmente o tal preparador vocal fosse apenas algum amador que ensinava canto por diversão. Mas, mesmo assim pegou o número do telefone e, chegando em casa, ligou para o tio de Evan, que não era outro senão o lendário Don Lawrence, famoso no meio musical por ser um dos preparadores vocais mais bem-sucedidos do mundo. Foi uma virada do destino muito estranha que conduziu Stefani a ele – e, mais uma vez, ela achou que fosse seu destino ser uma estrela, e que Don a ajudaria em sua jornada.

Embora ele estivesse muito ocupado ensinando e preparando gente do calibre de Mick Jagger, Bono, Christina Aguilera, En Vogue, Annie Lennox, Beyoncé e muitos mais, conseguiu encontrar tempo em sua agenda ocupada para a moreninha talentosa com cabelos encaracolados. Talvez tenha visto nela um vislumbre do que poderia acontecer em seu futuro e as luzes brilhantes do estrelato que lhe acenariam dali a alguns anos.

Convencido de que Stefani era capaz de conseguir coisas ótimas, Don encontrou tempo para aconselhá-la sobre como se desenvolver como artista, e não apenas como cantora. Don tornou-se mais que um professor, era uma espécie de guru, e permaneceria uma presença constante ao seu lado até sua explosão no *showbiz*, e mesmo depois. Sabendo que possuía um talento musical muito especial, encorajou-a a se desenvolver e avançar os próprios limites.

"Ele foi meu mentor. Ainda é meu mentor", disse ela mais tarde. "Ele me encorajou a começar a escrever música. Aos 13 anos comecei a compor, de música clássica a *pop*, e comecei a perceber que os acordes de Bach eram os mesmos que apareciam no disco de Mariah Carey... assim comecei a juntar pequenas coisas, fazendo pequenas progressões de acordes."

Todo o esforço recompensou. Passando cada vez mais tempo tocando o piano da sala dos fundos de sua casa, Stefani escreveu sua primeira balada para piano logo depois de conhecer Don, e continuou a trabalhar em suas canções. Nessa época, no entanto, sua música era influenciada por artistas como Carole King e Patti Smith, e isto apareceu em seu estilo de composição de canções melodiosas.

Don foi uma fonte de apoio e inspiração durante toda a jornada de Stefani, desde a adolescente desajeitada até a plenitude da princesa *pop*. No texto do encarte para seu álbum *The Fame*, ela faz uma menção especial a ele: "Você é o maior e o mais talentoso professor que já tive. Obrigada por minha voz, minha ética no trabalho e minha disciplina". É difícil imaginar se ela poderia ter chegado aonde chegou sem Don para orientá-la em seu caminho.

Encorajada por Don, começou a procurar outros locais para exercitar suas habilidades. Certo dia, andando pelos corredores de mármore da escola, viu um cartaz anunciando um grupo de canto chamado *Madrigals*. O grupo, formado por garotas que levavam a sério o canto, costumava ensaiar às sete e meia da manhã.

Então, o amor de Stefani por música e apresentações não morreu no curso colegial. Seu apetite por música continuou crescendo cada vez mais. Ela adorava Grace Jones, tanto por seu estilo de moda inovador quanto por suas ótimas canções – gostava particularmente das canções "Slave to the rhythm" e "Corporate cannibal". Ouvia frequentemente o CD *Immaculate Collection* de Madonna, girando o corpo em volta da cama e copiando os movimentos da música "Vogue". David Bowie e Queen também estavam quase obsessivamente presentes em seu aparelho de som. Os quatro artistas continuariam influenciando intensamente a música e o estilo da futura Lady Gaga.

Stefani orgulhava-se de ostentar seu amor pela música em sua manga – literalmente. Ela tinha uma jaqueta de couro com um Hanson aplicado e uma camiseta com os dizeres "I Love Donnie!", proclamando seu amor por Donnie, dos New Kids On The Block. Ela nunca poderia imaginar que alguns anos depois seria amiga dos New Kids – e estaria saindo em turnê e escrevendo canções para eles.

Ela adorava todos os tipos de música – desde o *rock* dos anos 1970 que seu pai colocava para ela ouvir quando criança, até o *punk pop* influenciado pelo *ska* de Greenday e No Doubt que ouvia no rádio, e o brilhante *power pop* nas paradas de sucesso.

Outra artista para quem mais tarde escreveria canções era Britney Spears. A jovem Stefani e seus amigos ficaram obcecados por Britney assim que ela se tornou uma estrela com faixas vociferantes como "*Oops!... I did it again*", ouvindo suas canções muitas e muitas vezes.

Seu amor por Britney levou Stefani a tentar captar relances da cantora quando ela vinha a Nova York para se apresentar ou dar entrevistas. Certo dia, depois da escola, quando souberam que Britney estaria se apresentando, Stefani e seus amigos entraram num vagão superlotado do metrô e pegaram o trem até o centro da cidade, correndo da estação até os reluzentes estúdios da MTV, onde estava sendo filmado *TRL* (*Total Request Live* – uma série da MTV). Stefani – que adorava a cantora –, e algumas de suas amigas, tinham o nome de Britney escrito com *glitter* no rosto. As garotas conseguiram chegar até a frente da multidão e gritavam excitadas, esperando poder ver uma mão ou uma face famosa nas janelas do estúdio.

Mais tarde, ela contou à revista *Maxim* que ficou "impressionada pelo nível de superfãs que Britney formou. Eu queria sentir a respiração acelerada". Como Lady Gaga, diz que agora pensa naqueles dias com carinho: "Isso não acontece mais, e é muito triste. É minha intenção reviver essa loucura com *The Fame*. Não se pode negar o poder de um grupo *pop* sendo capaz de parar o trânsito".

Foi mais ou menos nessa época que Stefani começou a entrar na moda, usando jeans lavados com ácido e camisetas de alça com tênis, influenciada pelo estilo dos anos 1950 e pelos cenários dos clubes noturnos, embora legalmente fosse jovem demais para pôr os pés dentro de uma boate. Mas, mesmo sendo tão jovem, já tinha o potencial para chocar, e foi então que desenvolveu um gosto por rendas e batom vermelho brilhante, um *look* que ela manteve durante a transformação de Stefani para Lady Gaga.

Mesmo na adolescência, Stefani gostava de mostrar seu corpo um pouquinho – possivelmente como uma rebeldia aos recatados uniformes que as alunas do Sacred Heart eram obrigadas a usar. "Quando eu tinha 15 anos, usava jeans lavados na pedra com camisetas de alças apertadas e mostrando a barriga", recordou em uma entrevista à *Maxim*. "Eu tinha seios enormes, porque na época pesava dez quilos a mais do que agora, cabelos castanhos longos e encaracolados e usava batom vermelho forte." Embora fosse descrita por alguns como patinho feio, havia algo naquela adolescente que fazia que as pessoas a olhassem. Stefani tinha alguma coisa que eles não conseguiam entender muito bem o que era – um algo a mais que atraía a atenção.

Stefani achava a disciplina e a natureza rígida do Sacred Heart difíceis de encarar. Era boa aluna e estudava muito, mas acreditava que a escola sufocava sua criatividade. "Sentia que não podia ser eu de verdade", disse mais tarde. "Mas percebi que não tinha de ser uma vítima do ambiente. Só porque elas me diziam como ser não significava que eu tinha que ser daquela forma a vida toda. Sabia que havia alguma coisa a mais reservada para mim."

Essa "alguma coisa a mais" estava em seu amor pela música e pela performance. Frequentando uma escola católica, Stefani, que continuou religiosa após sua transformação em Lady Gaga, percebia e amava o elemento teatral presente nos cultos religiosos.

Seu estilo performático estava fazendo com que fosse notada na escola. Vestida com roupa de gala, certo dia ela desceu de modo solene a escadaria de mármore do colégio e entrou no elegantemente decorado salão de baile do Sacred Heart. Sentou-se diante do imenso e antigo piano de cauda na frente do saguão e começou a tocar uma música clássica para os pais, as freiras e os colegas que estavam participando de um jantar no local.

Tendo participado de muitas produções encenadas pela Regis High School, uma escola católica para meninos que ficava perto do Sacred Heart e que precisava de meninas para suas peças, a entusiasmada aluna de teatro representou Alice More, em *A man for all seasons* (O homem que não vendeu sua alma); Philia, em *A funny thing happened on the way to the forum*; e Anna Andreyevna, em *The government inspector* (O inspetor geral). Também cantou em produções da Regis Jazz Band e no coro do Sacred Heart, onde conquistou o posto de primeira soprano.

Segundo Charlene Gianetti, cuja filha frequentou o Sacred Heart na mesma época que Stefani, todos sabiam que Stefani estava destinada a ser uma estrela: "Seu talento era tão fantástico que nos surpreendeu totalmente", escreveu Charlene em seu *blog*. "Quando ela estava no último ano do colégio, representou o papel de Adelaide em uma produção de *Guys and dolls* (Garotos e Garotas) encenada na Regis High School, na East 84th Street. Como a Regis é uma escola só para rapazes, precisava importar garotas para suas peças. Foram afortunados em ter selecionado Stefani. Os rapazes da Regis são muito inteligentes (um processo de seleção rigoroso é necessário para a admissão) e talentosos. E quando Stefani estava no palco, ela roubava a cena."

Em plena adolescência, era jovem demais para tocar em bares ou boates. Mas como estava desesperada para apresentar sua música ao vivo, Stefani implorou à mãe que a levasse às noites de *open-mic*, onde qualquer um poderia subir no palco e cantar ou tocar música para o público. Sua mãe concordou, entusiasmada para ver sua talentosa filha mostrar suas habilidades. "Meus pais sempre souberam que eu seria uma *performer*, e queriam me ajudar a realizar meu sonho. Eles nunca barraram minha criatividade", disse Stefani ao *New Times*.

Stefani e sua mãe encontraram alguns clubes de *jazz* e cafés no Village onde havia noites de *open-mic*; contudo, de início Cynthia teve muita dificuldade para convencer a direção das casas a deixá-las entrar em razão da pouca idade de Stefani. O porteiro franzia o cenho, mas Cynthia estava determinada. "Minha filha é muito jovem, mas é muito talentosa", explicava-lhe. "E eu vou me sentar junto dela enquanto estiver tocando."

Sua persistência compensou. Stefani tocava muito bem e, como era muito talentosa, era sempre bem recebida quando aparecia. "Quando eu tinha 15, 16 anos, conseguia muita atenção por minha voz e minhas canções porque era muito jovem", recorda-se Stefani.

Com os novos amigos que conheceu na Regis High School, Stefani começou a ir furtivamente até o centro da cidade apenas para vivenciar a vida musical noturna de Nova York. E estava tocando cada vez mais nas noites de *open-mic* dos cafés. O tipo de lugar que ela gostava não era apropriado a uma adolescente que frequentava uma escola de tanto prestígio. Em geral, as noites de *open-mic* ocorriam em espeluncas escuras e movimentadas, que cheiravam a urina e tinham grafites obscenos nas paredes dos banheiros, normalmente superlotados. Mas essa experiência lhe deu uma amostra da nova vida que estava desesperada para vivenciar mais profundamente.

Stefani também se juntou a uma banda *cover*, em seu ano de caloura no ensino médio, que tocava muitas faixas de *rock* clássico – incluindo canções de Led Zeppelin, Jefferson Airplane e U2, entre outros. E foi por esta época que o rock'n'roll começou a atrair o lado mau da jovem e respeitável aluna que só tirava ótimas notas. "Conheci alguns rapazes bonitos que tocavam guitarra e queria fazer sexo com homens mais velhos realmente ardentes – eles eram do último ano", explicou à *Rolling Stone*.

Contudo, seus fins de noite não eram todos dedicados aos rapazes ardentes, embora eles fossem definitivamente um bônus. Ela estava tão ocupada com os musicais, as bandas *cover*, os coros e as noites de *open-mic* que raramente voltava cedo para casa. E, embora quisesse que realizasse seu sonho musical, seu pai estava ficando um pouco preocupado com o horário que a filha estava chegando em casa. Incapaz de ir para a cama até saber que Stefani estava em casa e em segurança, ele se sentava na poltrona de couro marrom da sala de estar e fingia estar assistindo a algum programa de TV até ouvir a porta se abrir. "Meu pai ficava esperando que eu chegasse em casa de uma boate, transpirando... tendo um ataque cardíaco", ela disse mais tarde, recordando a época. "Eu não gostava de deixá-lo preocupado, mas queria ser eu mesma."

Quando não estava preocupando seu pai chegando em casa de madrugada, estudava arduamente para suas aulas na escola, melhorando seu conhecimento de teatro e música, embora permanecesse bem distante da elite social do Sacred Heart. Como uma ítalo-americana que era apenas a segunda em sua geração a ir para a faculdade, Stefani estava orgulhosa de sua educação e se esforçava muito para aprimorar-se.

"Não sei se minha educação ajudou em minha criatividade e minhas ideias ousadas, mas me proporcionou disciplina, orientação", disse mais tarde ao *The Guardian*.

"As irmãs ensinaram-me a pensar. Eu realmente sei pensar. [Por exemplo], se decido fazer um casaco vermelho para o programa, ele não é apenas vermelho. Eu penso: é o vermelho comunista? O vermelho do licor de cereja? O vermelho rubi? Ou o vermelho maçã? Ou ainda o grande balão vermelho? Quero dizer, há tantos tipos diferentes de vermelho! E então você se pergunta: bem, o que estamos tentando dizer nesta cena? É um vermelho feliz? Ou um vermelho triste? É uma renda vermelha? Ou um couro vermelho? Ou uma lã vermelha? Porque há muitos componentes para se fazer um show e fazer arte, e minha escola me ensinou a pensar dessa maneira", explica.

Ela se lembra de ter sido alvo de provocações por seu estilo não ortodoxo, ocasionalmente chamando a atenção. "Durante algum tempo achei que as garotas estavam apenas com inveja, e por isso eram maldosas comigo", disse mais tarde à *Entertainment Weekly*. "Talvez elas tivessem inveja da minha audácia. Mas acho que realmente costumava provocar as pessoas da maneira errada. Eu falava sobre coisas e fazia coisas que eram muito ostensivas, muito ousadas e muito petulantes... Quando você tem 12 anos, faz roupas com flores de plástico coladas e tenta coreografar shows em sua escola que são demasiado sensuais, e começa a ficar parecida com isso. Certo, esta é a minha estética. Minha estética é, de muitas maneiras, exatamente a mesma de quando eu era mais jovem. Estou apenas mais inteligente."

Apesar das provocações que enfrentou por parte das colegas, frequentar o Sacred Heart proporcionou-lhe muito, e ela continua satisfeita por ter estudado lá. "Algumas garotas eram maldosas. Riam de mim porque eu me vestia de maneira diferente e tocava em bandas. Não conseguiam entender por que eu era levada a fazer essas coisas. Mas houve momentos em que consegui muita atenção por ser a vida e a alma da festa."

Ela pode não ter se ajustado com garotas iguais às Hilton, mas a adolescente com pretensões artísticas, que tirava ótimas notas, aprendeu o truque da reinvenção no Sacred Heart – algo que lhe seria conveniente durante a transformação que estava prestes a sofrer. Seu estilo e aparência estavam fora dali, oscilando entre o explicitamente *sexy* e o ligeiramente estranho. As amigas de Stefani costumavam lhe dizer que não importava o que estivesse vestindo, porque mesmo que tivesse o zíper de sua parca puxado até o pescoço, parecia estar nua. Talvez por isso ela tenha decidido abandonar quase que totalmente suas roupas quando se apresenta.

"Eu era a garota *nerd* que fazia teatro, tocava na banda e era objeto de chacota dos outros", recordou. "Vestia-me de maneira diferente e vinha de uma classe social diferente da das outras garotas. Eu parecia mais uma estudante comum arrolhada." Mas também como uma rolha Stefani estourou ruidosamente quando deixou a escola.

Capítulo Quatro
Graduação no colégio – próximo passo, NYU*

Depois de suportar durante tanto tempo a natureza opressiva de uma rígida escola católica, o momento de Stefani e suas colegas de classe saírem de lá se aproximava. Para se graduar pelo Sacred Heart, Stefani tinha de escrever uma tese sobre artes e uma sobre o Cristianismo. Conseguiu terminar ambas a tempo e, como sempre, tirou as notas máximas. No entanto, ainda não sabia o que faria quando terminasse o curso.

Pensara frequentar a Juilliard, prestigiada escola de dança e teatro, com uma fantástica reputação entre as principais escolas de música e teatro de Nova York. Alguns dos alunos de artes cênicas que

* Universidade de Nova York. (N. T.)

a frequentaram foram Robin Williams, Val Kilmer e Kevin Spacey, e a lista de músicos famosos lá formados é tão longa quanto o braço de Stefani.

Stefani não estava totalmente certa de querer ir para lá, por isso matriculou-se em um programa pré-universitário de finais de semana para que jovens musicistas talentosos pudessem vivenciar, em tempo integral, a rotina da escola e decidir se queriam frequentá-la. Esse programa acontecia apenas aos sábados, entretanto era muito difícil cursar por causa do grau de qualidade exigido nas audições.

Stefani preparou-se emocionalmente para sua audição de ingresso, mas na hora ficou muito nervosa. Em geral, não tinha temor do palco; no entanto, algo na Juilliard não lhe parecia adequado e, por isso, optou por uma escola de teatro.

Tomou a decisão de ir para a prestigiada Tisch School of the Arts, da Universidade de Nova York. Entrar na Tisch não era de modo algum fácil. A escola recebia milhares de pedidos para apenas algumas vagas, e por isso todos os alunos tinham de passar por uma avaliação artística e um exaustivo processo de entrevista.

De pé na calçada diante da entrada da Tisch, Stefani respirou fundo. Olhava as colunas e obras de pedra que a separavam de uma das mais prestigiadas escolas de arte do mundo. Decidiu que entraria, e se concentrou na audição. Respirou fundo mais uma vez, caminhou na direção da Tisch, e mostrou tudo o que sabia. A direção da escola obviamente ficou impressionada. Aos 17 anos, ela se tornou um dos vinte jovens a conseguir uma admissão precoce na Tisch. Estudar ali daria a Stefani a chance de aprender mais sobre música, teatro e dança – suas três paixões.

Finalmente chegou o momento da graduação no ensino médio. Quando as alunas ingressavam na escola secundária, as freiras davam a todas um anel com um coração, que elas deveriam usar posicionado para dentro. Quando se graduaram, Stefani e suas colegas de classe viraram a posição de seus anéis, demonstrando assim que levariam para o mundo tudo o que haviam aprendido na escola. Se a escola fez algo por Stefani foi mostrar quem ela *não queria* ser. Agora ela tinha apenas de descobrir quem *queria* ser.

Ao entrar na Universidade de Nova York naquela manhã para fazer sua matrícula, Stefani ainda não tinha certeza de ter feito a escolha certa optando pela Tisch em vez da Juilliard; esta era uma escola de grande prestígio, mas ela não se deixou preocupar com a fachada, uma vez que a Tisch também tinha sua lista de alunos ilustres, incluindo Angelina Jolie, Woody Allen, Anne Hathaway e Selma Blair.

Stefani matriculou-se e iniciou seus estudos. O programa de teatro musical que estava seguindo ensinou-lhe muito mais do que apenas o teatro musical. Teve aulas de História da Arte, com as quais descobriu um amor por Andy Warhol e outros artistas *pop* que influenciariam muito suas futuras performances. Stefani teve aulas de Desenho de Cenários, o que lhe deu inspiração para os magníficos cenários que ela e o Haus of Gaga* posteriormente montariam para sua turnê *The Fame Ball*. Aprendeu sobre direção criativa e o que significava pensar a música como um todo – desde as roupas que se vestem até o visual que se consegue nas telas, os movimentos da dança e o esquema de cores. Aprendeu sobre a escrita de cenas em peças e a atuar como um personagem em um palco.

"Dançava durante cinco horas todas as manhãs, depois tinha aulas de atuação e canto e, à noite, estudava livros de Arte e Arte Moderna, este é o tipo de material *nerd* em que me aprofundo. E graças a isso, quando estou dirigindo meus vídeos, conheço todo o jargão necessário para poder me impor como uma garota inteligente em vez de uma boba", diz sobre o conhecimento que adquiriu nessa época.

---

* Nome usado por Lady Gaga para descrever sua equipe de criação. (N. T.)

O foco na atuação realmente foi a melhor escolha para Stefani, pois grande parte do que faria mais tarde está relacionada à atuação, a ser várias personagens. Ela descreveu isso como uma autodescoberta pela atuação e pela memória sensorial. "Algumas posições e movimentos de dança tinham mais a ver comigo do que outros", explicou mais tarde. "Era uma droga no balé, mas excelente em *jazz* e teatro."

Embora seu trabalho na universidade fosse muito pesado, continuou o exaustivo regime de se apresentar por toda a cidade com sua banda nas noites de *open-mic* após as aulas, determinada a fazer com que sua música fosse ouvida e amada pelas pessoas. Apresentou-se no lendário Bitter End, uma das casas noturnas descobridoras de talentos mais badaladas do Greenwich Village de Nova York. O Bitter End foi inaugurado em 1961 e, ao longo dos anos, teve vários convidados famosos honrando seu palco – lendas da música, como Stevie Wonder, Neil Diamond, Bob Dylan e Joni Mitchell tocaram lá. Stefani apresentava-se lá sempre que podia. Com seu interior revestido de madeira escura, banheiros cobertos de grafite e uma clientela por vezes rude, o Bitter End tornou-se para ela uma segunda casa.

Seu talento também estava fazendo com que fosse notada dentro do campus. Participou de uma competição ao lado de alunos de toda a universidade chamada Ultra Violet Live e, tocando em uma banda de *glam rock*, saiu vencedora. Muitos de seus colegas (e muitos membros do corpo docente) ficaram convencidos de que Stefani estava destinada a coisas grandes.

Descobriu uma nova sensação de liberdade na faculdade, algo que atribui à sua escapada do rígido ambiente da escola católica. As tradições do cabaré, do burlesco e do teatro musical que ela aprendeu na Universidade de Nova York deram-lhe ideias que influenciariam suas performances.

A Universidade de Nova York deixava que seu espírito criativo florescesse, por isso ela adorava estar lá. "Meu nome de nascimento e a garota que eu era no ensino médio foram eliminados", disse mais tarde como Lady Gaga ao jornal australiano *The Age*. "Foi uma época da escola realmente conservadora. Havia regras para tudo. Gaga sempre estivera ali, mas esmaecida, tentando se ajustar. Quando entrei na universidade, tornei-me quem sou agora."

Apesar de tudo, porém, Stefani ainda não se sentia totalmente feliz na Universidade de Nova York. Certo dia, almoçando no Dojo, um pequeno restaurante próximo do campus, percebeu o que não estava funcionando em sua vida. Adorava todas as informações sobre atuação – ela as absorvia como uma esponja –, contudo, percebeu que o ambiente universitário não lhe proporcionava o que tanto precisava: uma boa e sólida experiência.

"Adorava a Universidade de Nova York, mas achava que, sozinha, poderia aprender melhor sobre arte do que a escola poderia me ensinar", contou mais tarde à revista *Elle*. "Eu realmente achava que Nova York era meu professor e que eu precisava enfrentar as dificuldades e seguir adiante sozinha. Não estava interessada em ir às festas da fraternidade e fazer essas coisas típicas da vida universitária. Eu estava interessada no cenário musical, em servir mesas e limpar banheiros, ou em qualquer outra coisa ligada à música."

Ela se preocupava com seus pais – que tinham se sacrificado tanto por sua educação e a apoiado durante toda sua vida –, mas sentia que tinha de ser verdadeira consigo mesma. A universidade não era o lugar para ela. Não queria se tornar famosa por capricho ou em uma competição de talentos. Queria conquistar seu espaço da maneira tradicional, com o bom e antiquado trabalho árduo.

"Não tenho as mesmas prioridades que as outras pessoas", ela disse à revista *Rolling Stone* em 2009, referindo-se à sua decisão de sair da universidade e partir para o trabalho. "Simplesmente não tenho. Gosto de fazer música o tempo todo. É a minha paixão... Quando não estou trabalhando, fico louca."

Então, a corajosa adolescente tomou a decisão de "mandar tudo às favas", como disse em uma entrevista ao website *Riffin'*:

"Saí da Universidade de Nova York, deixei a casa de meus pais, fui para o meu próprio espaço e sobrevivi sozinha. Fazia música e forjei meu caminho começando de baixo. Não conhecia alguém que conhecia alguém que conhecia alguém. Se tenho algum conselho a dar é simplesmente que trilhe seu caminho sozinho, não desperdice tempo tentando obter um favor." Esta foi uma decisão que mudaria sua vida.

Capítulo Cinco
Indo em frente sozinha – nasce Lady Gaga

Stefani Germanotta pensou muito, mas finalmente tomou a decisão de deixar a Universidade de Nova York. Logo após completar 19 anos, contou a novidade a seus pais, que aceitaram o fato melhor do que podia esperar. Era evidente que estavam um pouco preocupados com essa decisão – a Universidade de Nova York era ótima e eles tinham medo de que, caso ela se arrependesse da escolha, jamais retornasse aos estudos –, mas também conheciam a própria filha, obstinada e persistente. Sabiam perfeitamente que ela nunca escolheria o caminho mais fácil.

"Estou saindo de casa", disse-lhes de sua maneira abrupta, como era típico em sua forma de se expressar. "Vou procurar um apartamento, trabalhar em oito empregos e encontrar meu próprio caminho na música."

A mãe, Cynthia, começou a chorar. Após uma breve discussão, porém, seus pais decidiram que se era isto que queria fazer, eles a apoiariam. Mas seu pai lhe deu um limite de tempo: ela tinha um ano para assinar contrato com uma gravadora; do contrário, o trato estava desfeito e ela teria de voltar para a universidade.

Stefani estava em êxtase. Seus pais se ofereceram para ajudá-la financeiramente, pagando o aluguel, mas ela foi inflexível e disse que não queria receber mais nada deles. Eles já tinham feito muito, e ela queria lhes provar, e a ela própria, que conseguiria se manter sozinha. E se isso significasse fazer chá, limpar banheiros ou varrer chão, era o que faria.

Sabia exatamente onde queria morar – o East Village, um bairro badalado de Nova York que, durante os anos 1960, atraíra artistas e *hippies* por causa dos baixos aluguéis. Muitos músicos viviam ali e novas possibilidades surgiam o tempo todo, trazendo uma onda de novos ritmos musicais a Nova York. O Fillmore East, de East Village, ajudou a estabelecer bandas britânicas como Pink Floyd e Led Zeppelin (duas das favoritas de Stefani) na América, enquanto outra via local era o mal-afamado CBGB,* o lugar de nascimento do *punk*.

O East Village foi o ponto de partida para muitos dos heróis artísticos de Stefani, incluindo Patti Smith, Madonna, os Ramones e o artista *pop* Andy Warhol, que promoveu uma série de shows na área em 1966. Sua filosofia e arte estavam causando um impacto real na maneira de pensar de Stefani, tanto no que se referia à música

* CBGB foi um clube de música norte-americano localizado no bairro de Manhattan, em Nova York, cujo nome completo era CBGB & OMFUG – Country, Bluegrass, and Blues and Other Music For Uplifting Gormandizers. Começou como um clube para o público de *country* e *blues*, e em 1977 tornou-se conhecido como o berço do *punk rock*. Foi palco de muitas histórias envolvendo não só bandas norte-americanas, mas também britânicas, como o Sex Pistols, e brasileiras, como Supla e Ratos de Porão. Era um local de pouca fama, de ambiente pouco agradável, mas que aspirava tornar-se famoso. Atualmente, o CBGB é uma loja de roupas (http://pt.wikipedia.org/wiki/CBGB, acesso em 2/jun/2010). (N. T.)

quanto à performance. Ela achava que morar no mesmo bairro onde tinham vivido e trabalhado seus ídolos seria uma influência muito positiva em sua jornada.

Encontrou um apartamento pequeno – longe do luxo a que estava acostumada em magnífica casa de seus pais, no West Side, mas consciente de que ele seria apenas a base para sua escalada às grandes alturas –, com um minúsculo móvel de cozinha, a pequena mesa e um quarto que mal conseguia abrigar um gato, muito diferente do que ocupava na casa de seus pais, na elegante área residencial de Nova York. O carpete estava sujo, havia rachaduras no teto e as janelas ocasionalmente trepidavam. Mesmo assim, aquele minúsculo quarto representava algo muito mais valioso para ela: o início do caminho que começava a trilhar sozinha.

Através da janela encardida que mostrava a vida vibrante da cidade, Stefani observava que as pessoas dali se vestiam de maneira muito diferente daquelas do lugar de onde vinha. As mulheres eram ousadas e, embora pudessem estar vestidas com sapatos baratos de cinco dólares e trajes comprados em brechós, andavam pela rua como se fossem modelos em um desfile de Lagerfeld.* Os rapazes ostentavam um estilo próprio, com aparência extravagante – eram patinadores, *rave kids*, *punks*, *indie*, góticos, *club kids*. Sim, Stefani pensava consigo mesma, este era o lugar ao qual pertencia.

Desfrutando de total liberdade, Stefani sentia-se como se algo estivesse em ação. "Percebi que a irmã de meu pai, que morreu com 19 anos, havia instilado seu espírito em mim", disse ao jornal australiano *Sunday Herald Sun*. "Ela era pintora, poeta e, embora nunca a tenha conhecido, foi uma das figuras mais importantes da minha vida enquanto crescia. Tinha uma epifania espiritual de que precisava terminar a missão dela."

---

* Lagerfeld é um dos estilistas mais influentes do mundo da moda do século XX. (N. T.)

Stefani passou o verão trabalhando como garçonete no movimentado Cornelia Street Café, no coração do Greenwich Village, e ensaiando canções com sua banda. Quando chegou o momento de gravar sua música, em vez de conseguir alguém para ajudá-los, decidiu ela mesma fazê-lo.

"Não fiz um lançamento comercial. Foi simplesmente como as gravações que fazia sozinha", disse mais tarde ao *The Grind*. "Era realmente curto. Fiz a versão demo e produzi tudo sozinha. Não estava vinculado a uma gravadora; era apenas o material que eu estava fazendo em Nova York. É assim que sou. Nunca esperei que alguém me estendesse algo em uma bandeja de prata. Era como se 'Eu quero fazer um disco. OK, então tenho de economizar meu dinheiro e comprar um gravador de quatro canais'. Costumava trabalhar depressa, com persistência, e fazia qualquer coisa que fosse preciso fazer."

"Qualquer coisa que ela precisasse fazer" envolvia tirar alguma vantagem do tempo em que passou na Universidade de Nova York se esgueirando para gravar suas demos usando as instalações do *campus*.

Sua mudança de bairro e de estilo de vida se refletiram em suas canções. "Quando fui para o centro da cidade havia muitos compositores", disse em uma entrevista ao *BlogCritics*. "Todos faziam a mesma merda, superchata. Eu queria fazer algo que fosse original e novo."

Em consequência disso, Stefani estava escrevendo menos baladas melodiosas e melosas, e mais sons pesados para piano que soavam como uma combinação de Otis Redding, Tori Amos, Elton John, Queen e The Beatles. "Isso era o que mais gostava, um material incrivelmente teatral e emocional em que se podia realmente ouvir sua voz", disse mais tarde sua amiga Lady Starlight.

Sua banda – a SGBand (SG representando Stefani Germanotta) – fez a primeira apresentação ao vivo em The Bitter End, em outubro daquele ano, e Stefani decidiu logo depois que gravaria uma demo. A demo de cinco faixas recebeu o nome de *Words*, e na qual ela gravou uma canção que havia escrito e vinha tocando ao vivo há algum tempo, uma bela faixa que soava como a versão inicial de "Brown eyes", chamada "No floods".

Colocou uma página no MySpace – nesta altura chamando a si mesma de Stefani Music – e começou a conversar com seus fãs e a lhes dizer onde e quando estaria tocando, tentando criar uma pequena comunidade e alguma agitação em torno de suas performances.

Pareceu funcionar. Encorajada pela badalação, decidiu gravar e lançar seu primeiro EP,* chamado *Red & Blue*, que apresentava as faixas "Something crazy", "Wish you were here", "No floods", "Words" e "Red & blue". O som era muito influenciado por seu maior herói, David Bowie, e a inseriu na comunidade de compositores-cantores clássicos da cidade. Decidiu, então, fazer o lançamento do EP em sua casa noturna favorita, The Bitter End, em janeiro de 2006. O EP foi novamente um enorme sucesso, e a sorte fez com que Bob Lone, o diretor nacional de projetos do Songwriters Hall of Fame, o ouvisse. Ele adorou o EP e achou Stefani muito promissora. Por isso a escolheu para ser uma das nove *performers* no *New Songwriters Showcase* de 2006, no The Cutting Room de Nova York. Como confirmaria o destino, havia alguém na mostra que se tornaria uma peça importante na vida de Stefani – o produtor da Sony, Rob Fusari.

Como escritor e produtor, Rob desfrutou de muitas oportunidades de sucesso. Foi uma das principais figuras no lançamento do Destiny's Child, como coautor de dois dos maiores sucessos do grupo, "No no no", de seu álbum inicial de mesmo título lançado em 1998, e "Bootylicious", do álbum de 2001, *Survivor*. Também

*Extended play (ou simplesmente EP) é a denominação de gravações muito longas para serem consideradas simples, mas muito curtas para serem álbuns. (N. T.)

trabalhou com vários outros artistas, desde a diva da dança clássica Gloria Gaynor até os ícones do *pop* moderno Britney Spears, Will Smith e Jessica Simpson.

Rob, que nasceu e foi criado em Nova Jersey, teve uma infância musical bem semelhante à de Stefani. Começou estudando piano clássico aos 8 anos de idade, e tinha um talento tão notável que, aos 10, estava se apresentando em competições nacionais. Chegou às finais três anos seguidos, todas as vezes tendo a oportunidade de tocar no lendário Carnegie Hall.

Começou a escrever canções na universidade e a colaborar com outros autores, compondo canções com e para artistas de muitos gêneros: *pop*, *rock*, *country*, *hip-hop* e *dance music*. Mudou-se para Los Angeles para seguir sua carreira, mas depois voltou a Nova Jersey para montar sua própria produtora, onde trabalhava com muitos artistas importantes.

Rob costumava visitar locais no East Village quando ouvia dizer que estavam ocorrendo exibições de novos talentos. Ele sabia que nesses eventos era possível encontrar artistas que se destacavam, e estava procurando justamente isso: um diamante em estado bruto.

Stefani subiu elegantemente os degraus, atravessou o palco, montou seu equipamento e começou a cantar. Do bar, Fusari virou-se para olhar o palco. Viu uma garota minúscula e magra, com longos cabelos castanhos, sentada ao piano com o Macbook marcando as batidas. Havia alguma coisa especial nela. Ele decidiu aproveitar a oportunidade e se apresentou a Stefani.

Nesta altura, o estilo de Stefani era bem diferente daquele da Lady em que mais tarde se transformaria. "Quando comecei era muito *funky*, mas não tão louca", diz ela. "Vestia uma roupa de malha e usava o cabelo como o de Amy Winehouse. Cantava e tocava piano com umas cem orquídeas em meu cabelo. Eu era uma florzinha de verdade, mas muito atraente."

Rob e Stefani começaram a trabalhar juntos no estúdio da casa dele. A dupla progrediu como uma casa que se incendeia. Ele adorava sua percepção de teatro e drama. Escreveram juntos algumas canções, ainda na veia das baladas. Foi mais ou menos nesta época que Rob, certo dia, explodiu em risos diante dos exageros teatrais de Stefani.

"Você é tão enlouquecida quanto Freddie Mercury, totalmente dramática!". Nessa tarde ele a chamou de Gaga, em uma evocação à canção dos Queen, "Radio Ga Ga", e Stefani adorou. Na manhã seguinte ela lhe enviou uma mensagem de texto dizendo que agora era oficial. Daquele momento em diante ele só deveria chamá-la de Gaga.

Seus amigos acharam aquilo hilário, mas parecia apropriado; era como se este tivesse sempre sido o seu nome. Até mesmo sua mãe começou a chamá-la de Gaga, e ela nunca mais respondeu ao ser chamada de Stefani. Finalmente Gaga havia encontrado um nome que era totalmente seu e que refletia quem realmente era.

Além de encontrar um nome, o trabalho que ela e Rob desenvolviam juntos começava a obter reconhecimento na mídia. A faixa "Wonderful" passou a ser tocada na internet, conseguindo o segundo lugar nas paradas da iWebRadio.

Gaga, no entanto, estava começando a achar sua música tediosa. Enquanto se apresentava em outra noite de *open-mic*, olhou para o público e pensou consigo mesma: "Se não se tratasse de mim, eu não ouviria isto. Ficaria entediada com esta apresentação". Ela queria apimentar um pouco as coisas, e começou pela música.

Rob Fusari encorajou-a muito para que criasse um som mais *pop*, eletrodisco. Ele gostava do lado teatral das apresentações de Gaga, e lhe disse que não importava se ela achava que isso não se adequava a lugar nenhum, pois com certeza apareceria alguém que a contrataria por seu estilo peculiar.

A dupla denominou essa colaboração criativa de Team Love Child, pois inicialmente Gaga descrevera-se a Rob como sendo a hipotética filha bastarda do inovador e deslumbrante ícone dos anos 1970, David Bowie, e do mestre do rock'n'roll do passado, Jerry Lee Lewis.

Gaga agora estava se apresentando sozinha. Montava seu MacBook Pro e tocava piano acústico com batidas sintéticas ao fundo. Também começou a trazer consigo um gravador como apoio. Ainda assim não estava feliz.

Certa noite, quando voltava para casa passando por grupos de rapazes bêbados de fraternidades, travestis se pavoneando e garotos de rua perdidos, pensou no que poderia tornar sua performance mais apimentada e interessante ao público. Havia muitos cantores e compositores se esforçando para aparecer no circuito musical de Nova York, e ela tinha uma boa voz e tocava piano, mas como isso realmente a tornaria diferente? O que poderia fazer para se destacar da multidão e se transformar em algo que ela também gostasse de verdade?

A popularidade *underground* de Gaga no cenário de Nova York estava aumentando. Saía cinco noites por semana, frequentando vários clubes gays e bares decadentes, mergulhando na atmosfera do East Village e se tornando parte do cenário.

Foi nesta época que Gaga conheceu seu primeiro namorado sério. Um músico de *heavy metal* chamado Lüc Carl, que, segundo a *Rolling Stone*, era bem carismático e foi o amor da sua vida. Eles costumavam ir a uma taverna chamada St. Jerome's na movimentada Rivington Street do Lower East Side. Tratava-se de um bar escuro e majestoso com um DJ, e havia ali um pequeno palco onde em geral se apresentava uma dançarina. Este foi o lugar em que Gaga se tornou uma *go go girl*.

Lüc levava Gaga em sua picape, e ela geralmente preparava o jantar usando salto alto e roupa íntima. "Ele costumava dizer: 'Querida, você é tão *sexy*!'", ela disse ao *Guardian* em 2009. "E eu lhe dizia: 'Coma algumas almôndegas'."

Com sua vida amorosa indo bem e o trabalho musical se fortalecendo, Gaga fascinou-se pela vida noturna dos anos 1980.

E assim começou a elaborar uma dança mais vibrante para acompanhar suas canções, e finalmente achou que seu trabalho estava se tornando algo com o qual se sentia excitada. "Era como uma progressão natural do fascinante estilo Bowie, do estilo de cantor e autor de canções no qual eu trabalhava", disse à *Rolling Stone* em fevereiro de 2009.

Gaga começou a ouvir as bandas clássicas dos anos 1980, como The Cure e Pet Shop Boys, e também as modernas com ar de anos 1980, como as Scissor Sisters.

"Oh, eu as adoro. Mal posso respirar quando as ouço!", diria mais tarde ao *About.com* sobre seu encanto pelos grupos *popsters*. "Eu me lembro da primeira vez que os ouvi; foi no rádio e pensei: 'Que diabo é isso?'. Eles são uma grande influência para mim. Adoro seus discos, suas roupas, e eles realmente se importam com sua performance. Do ponto de vista conceitual, simplesmente acho que são muito inteligentes em sua abordagem. Também sou uma grande fã de Elton John, e o adoro tanto que você pode perceber sua influência em todos os meus discos."

Com a ajuda de Rob Fusari, Gaga compôs uma nova canção que apontava para sua futura direção na dança – uma canção profundamente influenciada pelas Scissor Sisters e por Prince – chamada "Beautiful, dirty, rich". A ideia para a canção surgiu-lhe enquanto dançava em seu quarto, em roupas íntimas, pensando em seu envolvimento com a vida artística no East Village e nos personagens que encontrava ali: rapazes ricos que iam para o centro da cidade para fugir de suas famílias, mas recorriam aos pais para conseguir dinheiro e participar das festas. Mais tarde, Gaga declarou: "Nessa época, e nessa canção, era apenas eu tentando descobrir as coisas".

Em mais uma entrevista ao *About.com*, declarou que "Beautiful, dirty, rich" falava sobre a ideia de uma fama interior, uma fama que qualquer um podia sentir, que iria permear seu álbum de estreia, mas também sobre festas e drogas: "No Lower East Side havia muitos jovens ricos que usavam drogas e diziam que eram artistas pobres; ela é, portanto, uma censura a isto também. 'Papai, sinto muito. Realmente sinto muito, mas simplesmente gostamos de participar das festas'. Costumava ouvir meus amigos falando com seus pais ao telefone, pedindo dinheiro antes de sair para comprar drogas. Então, essa foi uma época interessante para mim, mas é engraçado o que surgiu desse disco, porque ele diz respeito a muitas coisas diferentes. Mas, finalmente, o que eu queria que as pessoas extraíssem dele é que... não importa quem você é nem de onde vem, você pode se sentir belo, sujo e rico".

Quando escreveu "Beautiful, dirty, rich", Gaga estava profundamente imersa no tipo de vida descrito na canção. "Eu era uma pessoa parte de um cenário social", disse ao BlogCritics em 2008. "Participava de um estilo de vida particular que todos viviam. Isso me inspirou a tentar entender o que realmente significava a fama, porque todos nós nos sentíamos muito famosos. Nenhum de nós era. Mas isto se devia ao amor por nosso trabalho, ao meu amor pela música, ao meu amor pela moda, pela arte, pela cultura. Por causa disso você imagina uma fama, e acabei levando um monte de gente a pensar que eu era alguém que não era."

No tempo em que Gaga compunha canções sozinha, e com Rob Fusari, constantemente se apresentando ao vivo, permitindo que seu show tomasse forma, sempre esteve interessada nos elementos visuais das apresentações de outros artistas, e usava o estilo do cabaré e do burlesco para moldar sua própria atuação em palco.

Como uma ave da noite, uma coruja, ela foi profundamente afetada pelo cenário noturno alternativo da cidade; os *dive bars*, os *club kids*, as bandas, as brigas e as drogas. Certa noite, quando ainda estava na universidade, usou ácido com um grupo de amigos buscando uma experiência espiritual. Enquanto estava "viajando", teve a alucinação de ter se encontrado com Thom Yorke, vocalista do Radiohead e um de seus maiores ídolos musicais. As estranhas experiências psicodélicas aqui ou ali não eram tão preocupantes – muitos de seus contemporâneos na faculdade de artes estavam fazendo a mesma coisa. Mas, de volta a casa, em seu minúsculo apartamento, as coisas estavam se tornando mais sérias.

Para conseguir atingir o estilo de vida que pessoas como Andy Warhol e Mick Jagger conseguiram antes dela, costumava pedir uma dose de cocaína de um serviço de entregas, escrever alguns versos e depois trabalhar durante horas em seu cabelo e maquiagem. Acordava às dez e meia da manhã para escrever mais alguns versos e compor alguma música, e depois continuava desperta por três dias seguidos em um redemoinho criativo de drogas, bebida e música.

"Achei que fosse morrer", disse mais tarde em uma entrevista à ShockHound. "Na verdade, nunca usei drogas para sair da realidade, era mais o romantismo de Andy Warhol, Mick Jagger e de todos os artistas que eu amava. Queria ser eles, queria viver a vida deles, queria entender a maneira como eles viam as coisas e como chegaram à sua arte. E acreditava que a única maneira de fazê-lo seria vivendo o estilo de vida deles, e assim fiz. Portanto, isso não tinha a ver com sair da realidade, mas com ser um artista."

Embora ela estivesse tentando viver o estilo de vida de seus ídolos, a realidade, no entanto, era bem mais difícil. A volta de uma "viagem" sempre a atingia profundamente, deixando-a com ataques de pânico por até uma semana.

"Eu não era uma viciada vadia", disse ao *New York Magazine* em 2009. "Fazia fitas demo e as enviava para todos os lados, depois subia em minha bicicleta e fingia ser a agente da Lady Gaga. Ganhava 300 dólares trabalhando e gastava tudo em xerox para fazer os cartazes."

Embora vivesse um estilo de vida marginal, estava mais determinada do que nunca a encontrar aquela oportunidade fantástica para entrar no mundo da música. Às vezes era bem difícil entrar nos espetáculos certos. Mas ela trabalhava arduamente para se promover. Levava suas demos para as casas noturnas, mentindo para a gerência dos bares ao dizer que era a agente de Lady Gaga, e que Gaga só estava disponível para tocar nas noites de sexta-feira às dez e meia, o melhor horário. Aquele trabalho todo estava começando a compensar, mas às vezes ela tinha de lutar para conseguir a atenção do público.

Fingindo ser sua própria agente, conseguiu uma apresentação numa sexta-feira à noite em seu amado Bitter End, com um espaço no cartaz, é claro. Mas a apresentação foi um desastre. Quando ela se escondeu em um canto escuro da boate para colocar os cílios postiços sem espelho, olhou para o público horrorizada. Era uma noite de sexta-feira, e em vez de um público repleto de seus amigos do East Village (que realmente iam para ver sua apresentação), o local estava cheio de rapazes barulhentos das fraternidades da Universidade de Nova York, que gostavam de frequentar aquele local nos fins de semana porque lá não lhes pediam carteira de identidade.

Foi uma apresentação difícil. E aqueles garotos horríveis não prestaram nenhuma atenção ao show. Seu globo espelhado girou acima do piano, próximo ao seu MacBook. Ela captou um milhão de minúsculos vislumbres de sua face refletidos nele. Para ela o fracasso não era uma opção. Ela tinha de fazer com que aqueles rapazes a ouvissem.

E a maneira como conseguiu captar a atenção deles se tornou uma marca registrada pela qual depois se tornaria famosa. Ela tirou a roupa.

Capítulo Seis
Despindo-se e sendo contratada

Para calar os barulhentos rapazes da universidade, ela sabia que tinha de fazer algo drástico. Estava furiosa. Vestia um traje incrível naquela noite, e sabia que parecia totalmente esvoaçante – meias rendadas, saia justa e camiseta curta. Ela tinha também um novo e ótimo material, mas não havia como fazer que a escutassem.

Então, fez a única coisa em que conseguiu pensar no momento: tirou a saia e a camiseta. Balançou seus longos cabelos castanhos, que caíram em cascata cobrindo suas costas. E todos do lugar – os rapazes da fraternidade, os desajustados de East Village, os bartenders, todos enfim – ficaram olhando fixamente para ela, imaginando que diabos estava acontecendo.

"Senti uma espontaneidade e uma coragem que achei que deviam estar encerradas em um caixão durante um longo tempo", ela diz. "Naquele momento ascendi dos mortos."

Sentada no velho piano estropiado, vestida apenas com sutiã, calcinha, meias rendadas e *escarpins* brancos, Gaga continuou tocando. Todos os olhares fixos nela. De repente as pessoas começaram a escutar a música. Ela havia encontrado uma maneira de o mundo prestar atenção em seu trabalho, e quando conseguiu isso, todos passaram a ficar ligados nela.

A partir daquele momento algo foi despertado em Gaga. Ela sentiu um tipo de liberdade artística que jamais sentiria antes. Todos aqueles anos de educação e disciplina rígidas haviam sido ótimos para seu boletim, mas tinham reprimido sua criatividade.

"Foi quando tomei uma decisão definitiva sobre o tipo de artista que queria ser", disse mais tarde ao *Independent*. "Como era uma performance de arte ao vivo, aquele momento... a menos que você estivesse na plateia naquele momento tão espontâneo, ele não teria nenhum significado. Era como: 'Ela tirou a roupa', e sexo vende, certo? Mas naquele contexto, naquele lugar, diante daquele público, eu estava fazendo algo radical."

Naquela noite, em todo o caminho de volta para seu minúsculo apartamento encardido, ela só conseguia sorrir. Que diabos a tinha levado a tirar suas roupas? Ela não tinha ideia, porém, achava que estava começando a se transformar naquilo que sempre quisera ser. Stefani Germanotta jamais teria feito isso, mas Gaga – Lady Gaga – adorava fazer o inesperado.

À medida que Gaga se tornava mais à vontade em sua própria pele, também começou a se tornar menos convencional em suas apresentações. Ela costumava ensaiar para os shows esperando entrar na Broadway, mas os produtores queriam um som mais tradicional, e por isso era frequentemente rejeitada, sempre ouvindo que ela era *pop* demais para a Broadway. Então, resolveu se preparar para as gravadoras, mas eles diziam que não sabiam o que fazer com suas interpretações teatrais.

Quando se apresentou para uma audição no Virgin Records, um executivo se entusiasmou: "Tenho ouvido falar muito a seu respeito, aparentemente você é o assunto da cidade!". Gaga sentou-se e tocou piano, e ao terminar todos os olhos do recinto estavam voltados para ela. Mas o executivo estava chocado: isso era tão diferente de tudo o que ele tinha ouvido ou visto antes. Olhou para Gaga como se dissesse: "De que planeta você vem?".

"Encarei isso como um elogio, porque era algo totalmente novo para ele, e tão diferente que ele não conseguia sequer definir", disse Gaga mais tarde à ShockHound. Cansada de ouvir que era teatral demais ou *pop* demais, começou a imaginar se deveria simplesmente ignorar todo mundo e fazer as coisas da maneira como sempre quisera fazer. Pensou consigo mesma: "Bem, por que não faço as duas coisas? E por que não o faço à *minha maneira*?". Decidiu apostar tudo e arriscar. Jamais, nem por um seguro, considerou fracassar em sua carreira. Sua única alternativa era o sucesso.

Apesar de querer passar todo o tempo voltada à sua música, ela ainda tinha de pagar o aluguel. Trabalhando em vários empregos – garçonete no Cornelia Street Café, *bartender* em clubes de *strip-tease* –, ela tentava ganhar dinheiro suficiente para se sustentar enquanto buscava a fama.

Gaga também frequentava muito a noite. A bebida e as drogas eram coisas regulares em suas saídas noturnas, mas ela não achava que isso fosse um problema. Ao contrário, para Gaga isso a ajudava no processo criativo, já que desta forma podia viver como as pessoas que a influenciavam, a exemplo de Andy Warhol, usuário pesado de drogas.

Foi mais ou menos nessa época que o relacionamento de Gaga com Lüc terminou. Aquele romance jamais foi destinado a durar, e acabou a magoando muito. "Eu era a sua Sandy e ele era o meu Danny,* e simplesmente desmoronei", explicou à *Rolling Stone*.

* Sandy e Danny são os personagens interpretados por Olivia Newton-John e John Travolta, respectivamente, no filme *Grease – Nos tempos da brilhantina*.(N. T.)

Grande parte das canções de *The Fame* foi inspirada em seu relacionamento com Lüc. Embora tenham continuado amigos depois do rompimento, ela não gosta de falar sobre esse assunto; prefere deixar que a música fale por ela.

Para superar o rompimento, Gaga mergulhou na música. Apesar de trabalhar árdua e incessantemente, decidiu que queria mais que um *insight* na maneira como operava a máquina da música, um *insight* que ela não estava conseguindo obter em seus shows no *open-mic*.

E assim começou a trabalhar como estagiária não remunerada para a Famous Music Publishing, uma divisão da edição musical da Paramount Pictures. "Para mim não havia empregos menores, nem mesmo limpar privadas", disse mais tarde ao *New Times*. Ocasionalmente via astros do *pop*, como Beck, por lá, e sonhava ter uma vida como a deles.

Embora estivesse trabalhando apenas como estagiária, Gaga já adotara o estilo pelo qual se tornaria famosa, optando por trajes excêntricos em vez do tradicional jeans e camiseta. Os membros da equipe pareciam ficar desconcertados quando Gaga aparecia para arquivar os papéis e se sentar nas reuniões vestida apenas com uma malha bem colada ou um sutiã, mas logo perceberam que aquele era seu jeito porque ela continuou a aparecer para trabalhar todos os dias vestida daquela maneira.

Jody Gerson, que mais tarde foi responsável por um contrato de publicidade de Gaga com a Sony, recordou o uniforme de trabalho característico da jovem: "Mesmo naquela época ela já chamava a atenção de todos por aparecer para trabalhar vestindo apenas suas roupas íntimas!", disse Jody à *Billboard* em 2009.

O estilo não convencional que Gaga adotava a maior parte do tempo, com exceção de quando estava trabalhando como garçonete, também era um atrativo quando ela se apresentava no palco. "Pensava sobre minha fantasia e imaginava: 'Do que eu realmente sentia inveja vivendo em Nova York?'. A resposta era simples: 'Garotas atraentes de biquíni!" E então Gaga levou isto para o palco. Em geral o público adorava, embora alguns não ficassem tão entusiasmados.

A primeira vez que seus pais a assistiram no palco, ela estava vestida com um sutiã de biquíni franjado e estampado de leopardo, um cinto de lantejoulas de cintura alta e calcinha estilo vovó. Eles assistiram ao show, e depois seu pai lhe disse que, apesar de ela ter feito um trabalho incrível no palco, ficou chocado com a maneira como estava atuando, pois ficava evidente que sua filha estava usando drogas. Gaga ficou surpresa com o fato de ele saber, "porque eu me achava muito esperta", explicou ao *Guardian*.

Ela imergiu na música dos anos 1970 e 1980 querendo se tornar parte desse estilo de vida. "Minha trilha sonora da cocaína foi sempre The Cure", disse ao *Observer*. "Adoro toda sua música, mas só ouvia esta canção ['Never enough'] repetidas vezes quando usava doses e doses de cocaína. 'Whatever I do/It's never enough.' Não é engraçado? Na época não achava que tivesse nada de errado comigo, até meus amigos chegarem e dizer: 'Você está fazendo isto sozinha?'. Hmm, sim. Eu e o meu espelho."

Gaga estabelecera um compromisso com seu lado obscuro. Ela queria viver o estilo de vida dos artistas que respeitava, queria saber pelo que Jimi Hendrix passara e como Edie Sedgwick adquirira sua aparência.

Seu pai não estava exatamente feliz com os trajes sumários e a dança da filha, mas uma coisa que definitivamente não toleraria seria o uso de drogas. Ele tinha tocado em uma banda quando era jovem e sabia que existia uma linha bem tênue que separava o uso casual e o vício. E não queria ver sua filha acabar com a vida daquele jeito ou desperdiçar seu enorme talento.

Cynthia, mais tarde, disse à filha que, logo depois do show, seu pai tinha ficado arrasado com o que viu, e confidenciou que achava que sua filha mais velha estava perdida. Um dia, naquela semana ainda, seus pais lhe disseram: "Foi realmente difícil assistir àquele show. Achamos que você enlouqueceu e não sabemos o que fazer". Seu pai a chamou de lado, balançando a cabeça, e disse: "Você está se destruindo, menina".

Como ela disse em uma entrevista à ShockHound, não tinha ideia de como seu pai soube que ela estava usando drogas. "Eu olhava para ele e pensava: 'Como ele sabe que neste exato momento estou chapada?'. E ele nunca disse uma única palavra sobre as drogas, nem uma palavra sequer. Mas ele sabia: "Só quero lhe dizer que qualquer um que vier a conhecer enquanto estiver assim, e qualquer amigo que fizer enquanto estiver deste jeito, você com certeza perderá".

Nunca mais eles conversaram sobre isso, mas Gaga, com sua férrea força de vontade, conseguiu deixar o mundo das drogas, principalmente em razão de uma experiência ruim por que passou.

"Tive uma experiência apavorante certa noite, e achei que ia morrer", disse ao *The Sunday Times* em 2008. "Eu me levantei, mas aquela experiência me ajudou a me tornar a pessoa que sou hoje. Vejo as coisas de uma forma muito fragmentada, psicótica, e acho que é por causa disso. Então decidi que era mais importante me tornar uma pensadora centrada, crítica. Isso foi mais poderoso para mim do que a própria droga."

Jamais ela cairia novamente nesse buraco, e "Beautiful, dirty, rich", de seu álbum *The Fame*, documenta essa época da sua vida.

Hoje em dia Gaga não gosta de falar sobre o uso de drogas porque não quer encorajar as pessoas a usá-las. "Acho que, com esta merda, qualquer buraquinho é profundo", disse ao *Guardian* em 2009.

"Estava apenas me sentindo nostálgica e criativa, e achei que era Edie Sedgwick e que fazia música. Não sei. Nunca encorajaria alguém a passar por isso, mas acho que é quando você luta que sua arte se torna grande."

Então Gaga abandonou as drogas e a escuridão que traziam. Não frequentou nenhum grupo de reabilitação ou terapia. A reação de seu pai a fizera entender que não queria destruir sua vida dessa maneira, porque aquilo significaria o fracasso, algo que Guga jamais aceitaria. Ela sempre foi uma jovem incrivelmente determinada, e o tempo que passou no Sacred Heart realmente lhe incutira o medo ao fracasso.

Ela e seu pai não se falaram por meses após o incidente. Chocado com o que tinha visto, ele não queria ver a filha se destruindo em um estilo de vida tão selvagem. Mas sua mãe nunca deixou de falar com ela. "Minha menina", ela dizia, "você pode ser qualquer coisa que quiser. Você é bonita e talentosa, e pode conquistar o mundo".

Embora Gaga tivesse ficado perturbada com a reação do pai, o apoio da mãe foi essencial para que conseguisse se manter firme em sua determinação de vencer. Então, ela resolveu concentrar a energia em seu objetivo principal: conseguir o sucesso musical a que tanto almejava.

Porém, deixando as drogas, ela não abandonaria seu estilo de vida, especialmente as noitadas, as roupas sumárias ou as danças provocantes. Gaga experimentara a total liberdade em suas apresentações, e estava determinada a mantê-la. E, para isso, não precisava de drogas. Enquanto conseguisse se expressar de maneira criativa e livre, estaria feliz. E nunca teve nenhum problema em tirar suas roupas no palco. "Tenho uma percepção forte de minha própria sexualidade. Adoro o corpo humano despido, e tenho uma enorme confiança nele", disse à *Fabulous*.

Apresentando-se daquela forma Gaga achava que tinha finalmente encontrado algo que sempre estivera dentro dela, mas que fora reprimido durante anos por um rígido ensino católico. "Eu sempre fui Gaga", disse à *Rolling Stone* em 2009. "Só que, vivendo por anos sob um severo regime católico, que nos inculcava a 'maneira certa' de ser, reprimi todas as excentricidades que havia dentro de mim para me adequar a esse sistema. Só quando me vi livre disso tudo consegui ser eu mesma. Descobri que todas as coisas que tentei tão desesperadamente reprimir durante anos eram exatamente aquelas que todos os meus amigos do mundo da arte e da música achavam tão adoráveis em mim, e então as abracei."

Abraçando-as, Gaga tornou-se mais sincera consigo mesma e também mais à vontade como *performer* – e isso começava a aparecer. A fama que estava vindo à tona em razão de suas excêntricas atuações começou a atrair os caça-talentos de várias gravadoras. Eles não sabiam o que esperar em seus shows – às vezes ela ficava de pé sobre uma cadeira ou se inclinando para tocar piano, às vezes tocava tanto com os pés quanto com as mãos. Contudo, mais uma vez, ela se via como uma estranha, com um estilo que simplesmente não se enquadrava nos escaninhos musicais que outros haviam criado.

Como era de se esperar, algumas semanas depois, em setembro de 2006, Gaga recebeu o telefonema de um representante da Island Def Jam, um grupo de gravadoras com profissionais importantes em seus registros, como Bom Jovi, The Killers e Rihanna. Era um ótimo negócio. Ela foi até seu escritório no centro da cidade, na Oitava Avenida, e cantou diante de alguns dos executivos ali presentes.

O presidente e CEO da Island Def Jam, Antonio "L.A." Reid, não estava na sala no momento, mas mesmo assim ouviu a potente voz de Gaga invadindo os corredores. Naquele mesmo instante ela foi contratada pela gravadora, que programou um álbum a ser lançado em maio de 2007.

Gaga ficou extasiada com tudo que lhe sucedera, assim como Rob, quando ela lhe contou. Finalmente estava tendo o patrocínio e o apoio de uma gravadora importante. Ela gravaria um álbum de sucesso, seria a número um na América e em todo o mundo, e conquistaria os corações de milhares de fãs. Era o seu destino.

Só que as coisas não ocorreram como o planejado. Na verdade, nem sequer chegaram a lugar algum. Apesar de "L.A." Reid exigir que ela assinasse o contrato, a gravadora não sabia exatamente o que fazer com ela. "Ele não teve nenhuma reunião comigo durante minha estada lá", disse mais tarde à ShockHound. "Eu costumava esperar do lado de fora do seu escritório durante horas apenas para me encontrar com ele. E cheguei a dizer ao meu contato na A&R que 'se ele não está interessado, então não preciso falar com ele'. Ele nunca teve sequer uma reunião comigo, jamais."

Nem mesmo o inspirado *up-beat* e *hip-hop* "Beautiful, dirty, rich" foi suficiente para convencer os executivos da gravadora do seu talento, e ela foi dispensada da Island Def Jam depois de apenas três meses.

Gaga ficou arrasada. Acreditava que tinha conseguido, mas, de algum modo, o destino cruelmente arrebatara a ambição da sua vida bem diante dela.

Seu pai tinha lhe dado um ano para ser contratada por uma gravadora, e ela conseguira. No entanto, as coisas não tinham saído da maneira como esperava. Mais tarde Gaga refletiria sobre tudo o que lhe aconteceu quando esteve na Def Jam e diria em uma entrevista ao jornal australiano *The Age*: "Não foi culpa deles. Não era para ficarmos juntos", e se referindo a "L.A." Reid, diria: "Ele é muito talentoso. Não quero difamá-lo. Ele me contratou, sinal de que tem ouvidos incríveis".

No entanto, aquilo não mudou o fato de ela ter ficado arrasada na época. Muitos cantores em sua posição teriam simplesmente desistido, achando que as coisas nunca dariam certo para eles.

Além disso, os shows de Gaga, naquele período de sua vida, nem sempre foram bem-sucedidos. Algumas noites ela tocava mal, perdendo a concentração, falhando em algumas notas ou não dando tudo de si, e era recompensada com o público vaiando e as pessoas lhe dizendo que ela era uma droga.

Mas Gaga era obstinada e teimosa, qualidades que herdou de seu pai, um homem rico que se fez sozinho. Todos os anos no Sacred Heart as freiras haviam lhe ensinado que ela poderia fazer qualquer coisa que quisesse; ser qualquer coisa que quisesse ser.

Podia estar desapontada, mas estava determinada a não perder as esperanças. Sabia que tinha de haver algo que ela pudesse fazer para voltar ao topo. Desistir não era uma opção.

Enquanto isso, trabalhava em mais canções com seu amigo Rob Fusari, determinada a não desistir do seu sonho. Começaram a trabalhar em uma balada *pop* épica que terminaria sendo seu sucesso: "Paparazzi". A música tinha sido inspirada no tema amor e fama, mas era intenção de Gaga que a canção funcionasse em vários níveis, permitindo que as pessoas a interpretassem de diferentes maneiras.

"A canção é sobre coisas diferentes", explicaria mais tarde ao *About.com*. "É sobre minhas lutas – eu quero a fama ou o amor? É também sobre cortejar os *paparazzi* para que eles se apaixonem por mim. É sobre a prostituição da mídia, se você assim quiser, observando seus 'produtos' se fazerem de tolos para sua emissora. É uma canção de amor para as câmeras, mas é também uma canção sobre a fama ou o amor – você pode ter ambos ou apenas um deles?" Essa era uma luta que ela enfrentaria repetidas vezes e que escreveria sobre ela durante os próximos anos.

A obsessão de Gaga e seus amigos pela cultura da fama era também encorajada pelo que via diariamente nos jornais. No final de 2006 e em 2007, Paris Hilton, Nicole Richie e Lindsay Lohan começaram a aparecer nos jornais. As imagens publicadas eram fotos policiais de jovens bichos de festa, tiradas depois de terem sido presos por dirigir sob o efeito de drogas.

Gaga viu seus rostos descontentes nos tabloides e começou a achar que as garotas estavam posando – era como se tudo tivesse sido armado em um golpe de publicidade. Estavam jogando com a arte da fama.

"Parte da cultura dos jovens da minha geração é a obsessão pela fama", disse a *The Grind* sobre a exploração da "arte da fama". "Comecei a escrever mais músicas tendo em mente a arte da fama."

Seu fascínio pelo conceito de fama estava aumentando. "Há algo na fama que nos é ensinado, que é, de algum modo, uma validação, quando na verdade não é absolutamente nada disso", diz ela.

"Pensava apenas que isso estava se tornando um problema constante", disse Gaga mais tarde sobre a canção. "Então, sobre o que é mais importante escrever do que a parte absolutamente enorme da cultura da mídia? Os *paparazzi*... Eu pensava na arte da performance e na arte do choque, e em como Paris Hilton, sua irmã Lindsay Lohan e Nicole Richie são artistas do choque à sua própria maneira. Elas não estão necessariamente fazendo belas-artes – algo que se coloca nos museus –, mas é uma forma de arte. É isso que esta canção está tentando dizer."

"Paparazzi" se tornaria a canção favorita de Gaga no *The Fame*. Era uma canção *pop* com ambições de ópera *rock*, e durava mais de cinco minutos (a canção *pop* média dura apenas três minutos e meio). Há alguns anos as paradas não tinham ouvido nada tão inovador quanto Gaga na música *pop*. Mas ainda havia um longo caminho a percorrer antes que atingisse a produção do álbum como um todo.

Ela se mudou do apartamento de East Village para a badalada Clinton Street no Lower East Side, esperando que o novo local a inspirasse. Seu novo apartamento não era de modo algum luxuoso – era ainda minúsculo –, e lhe custava 1.200 dólares por mês, mas era um lar.

O Lower East Side era um bairro badalado, com pretensões artísticas e boêmio, com uma série infinita de artistas, músicos e pessoas que tentavam se encaixar nesse cenário. Era lá também que havia os melhores pontos de encontro, bares e clubes noturnos de Nova York. Rivington Street era sua base, um popular destino na madrugada para muitos dos bizarros e excêntricos que habitam o cenário artístico de Nova York.

E assim, com sua nova base mais profundamente enraizada no cenário tumultuoso das madrugadas nova-iorquinas, Gaga retomou a labuta diária trabalhando arduamente todos os dias, tentando conseguir uma oportunidade. Felizmente, a tão esperada oportunidade não estava tão distante.

Capítulo Sete
Fazendo bons amigos

Um pouco decepcionada, porém mais determinada do que nunca a conseguir seu lugar na indústria da música, Gaga redobrou esforços para se tornar uma *pop star*. Alguns teriam sucumbido por causa da rejeição e da cansativa carga de trabalho, mas não ela. A música estava em seu sangue, e faria de tudo para atingir seu objetivo.

"Papai tocava em bandas na praia de Nova Jersey, seguindo as pegadas de Bruce Springsteen", explicou ao *Daily Mail*. "Então, isso está em minhas entranhas, e minha família instilou em mim uma ética de trabalho implacável. Sempre fui uma garota muito corajosa. Não importava quantas vezes fosse derrubada, continuava tentando."

Gaga continuou trabalhando em seus três empregos e tocando em shows ao vivo, como sempre fizera. Estava se tornando parte do cenário local, conhecendo *hipsters*,[*] artistas, músicos e estudantes desertores do Lower East Side. Havia uma verdadeira comunidade na área, e Gaga adorava aquela vibração toda; para ela, era como se fosse sua própria casa.

Havia no cenário local o *metal-glam*,[**] do qual ela começou a extrair elementos para incorporá-los ao seu próprio estilo e à escrita de suas canções. "A namorada dos astros do *rock* – este foi o verdadeiro início da minha moda", ela explica. "Eu queria ser a namorada do cantor da maior banda de rock'n'roll que já tinha existido. Queria ser a garota dos bastidores no concerto em Mötley Crüe vestida de plumas e usando delineador Nikki Sixx."

Gaga também era obcecada por Versace, Gucci, Dolce & Gabana, Fendi, Valentino – todos os tecidos, cortes e modelos maravilhosos com os quais crescera, e com o senso de moda que herdara de sua elegante mãe. Seu orçamento para a moda nesses primeiros dias era bastante limitado – às vezes não tinha mais que cinco dólares para gastar no embelezamento ou na criação de um traje –, mas descobriu que não importava o que vestisse ou fizesse, ainda que ninguém soubesse quem era, sempre se sentia como se estivesse vestindo um milhão de dólares. Em sua própria mente ela já era famosa. "As pessoas têm capacidade de autoproclamar sua própria fama", ela afirma. "Têm capacidade para experimentar e sentir certa quantidade de autovalor que vem de um lugar muito presunçoso, através de suas próprias escolhas – de suas opiniões sobre moda, sobre música, sobre política, a maneira como andam

* *Hipster* é uma pessoa associada à subcultura hip. O termo foi originalmente usado na década de 40 para se referir aos aficionados do jazz, particularmente o jazz moderno, popular no início dessa década, mas declinou nos anos 1960. A partir dos anos 1990 passou a descrever outra cultura diferente, e se caracteriza, entre outras coisas, por escutar ou pertencer a bandas de rock *indie*. Caracteriza-se ainda pela forma peculiar de se vestir (jeans justos e tênis com a lingueta para fora). A palavra hippie deriva de uma forma pejorativa e diminutiva de *hipster*. (N. T.)

** Subgênero do heavy metal, em que as bandas têm como característica cabelos compridos, bandanas, roupas de couro e rostos pintados. (N. T.)

na rua, a maneira como se comportam nas festas. Elas podem literalmente optar por ter fama."

Gaga aprendeu que não era necessário ser celebridade, ser rica ou ter *paparazzi* no seu encalço para ser famosa: "Eu e meus amigos simplesmente declarávamos nossa própria fama e dizíamos: 'Este é o futuro', e nos vestíamos de uma forma que significava: 'Isto é moda'".

Gaga e seus amigos artistas saíam à noite caminhando pelas ruas do Lower East Side de Nova York como se fossem donos da cidade. Eles não tinham dinheiro, não eram famosos, não tinham *paparazzi* os seguindo, e no entanto pareciam atrair a atenção de todos que por eles passavam. Eles brilhavam com a aura segura de si que apenas as pessoas famosas parecem possuir.

Só que não eram famosos. Gaga mal tinha dois dólares no bolso. Mas foi neste cenário escuro e sombrio – sob as crepitantes luzes de neon e passando pelos rapazes de aspecto fantasmagórico que perambulavam pelos becos – que Gaga foi mais feliz do que nunca em sua vida.

"Esta é a fama interior, o orgulho, a sensação de paixão por sua música e sua arte, seu estilo, seu conhecimento de que aquilo que você faz é contagiante. Ninguém sabia quem eu era, mas todos *queriam* saber", disse mais tarde de uma maneira tipicamente insolente à *The Grind*.

Foi esta época da sua vida – em que se sentia como a Rainha do East Village e como se qualquer um pudesse se sentir famoso – que inspirou seu primeiro álbum, *The Fame*.

A determinação de Gaga estava começando a lhe trazer novos amigos. Foi mais ou menos nessa época, três meses depois de ter sido rejeitada por Island Def Jam, que conheceu o escritor e produtor sueco-marroquino RedOne – Nadir Khayat. Ele achava que Gaga tinha um talento real.

RedOne lutara durante anos antes de conseguir sucesso na indústria da música europeia. Caçula de nove irmãos, no início de sua carreira dormiu no chão dos estúdios de música até finalmente conseguir sucesso com o grupo A*Teens e escrever a música para a Copa do Mundo. Atingindo o auge do sucesso na Europa, decidiu que o próximo passo era conquistar a América.

O talentoso produtor, que falava seis línguas, decidiu se mudar para os Estados Unidos, onde fundaria uma produtora chamada RedOneKonvict, com o cantor/compositor e produtor Akon, escrevendo canções para diferentes espetáculos no país. Ele estava procurando uma artista com a qual trabalhar, e decidiu dar uma oportunidade a Lady Gaga.

Quando a dupla se conheceu, no final de 2006, Gaga ainda não havia assinado nenhum contrato e estava magoada por ter sido rejeitada pela Island Def Jam. Ela estava totalmente sem dinheiro, mas como RedOne a achou supertalentosa, resolveu trabalhar com ela de graça.

Uma das primeiras canções dessa parceria foi a contagiante "Boys boys boys". "Eu queria escrever a versão feminina de 'Girls girls girls' de Mötley Crüe, mas com meus próprios movimentos", explica Gaga em seu *website*. "Queria escrever uma canção *pop* que os roqueiros gostassem."

Mais tarde Gaga admitiria ao *Guardian* que escreveu a canção para impressionar seu ex-namorado, o baterista metaleiro Lüc, que ela disse à *Rolling Stone* ter sido sua inspiração para a canção.

RedOne a ajudou a entender sua visão para a música, que era totalmente Gaga – "gothic pop", como ela a descreveu em uma entrevista ao DJ Sidekick. Com seu ritmo alegre e uma letra que fazia referência à banda de rock The Killers, Gaga adorava a nova direção que sua música estava tomando.

Ela imediatamente reconheceu RedOne como um talento incrível, e aprendeu muito com ele. "Ele me ensinou, à sua própria maneira – embora não seja um compositor, ele é um produtor –, como ser uma compositora melhor, porque comecei a pensar sobre as melodias de uma maneira diferente", ela disse ao *About.com*.

A música "Boys boys boys" obtinha ótimas reações sempre que ela a tocava ao vivo, mas logo depois que a escreveram, RedOne saiu de Nova York durante algum tempo para trabalhar em outro projeto. Gaga continuou sua música sozinha, inspirada sempre no ambiente do Lower East Side.

"Todos se vestiam de maneira diferente, todos falavam de maneira diferente, a insolência de todos era diferente", disse ela sobre o lugar. Sentir-se parte desta comunidade artística proporcionou-lhe a confiança para ousar mais em sua música, seu estilo e sua aparência.

Foi nesta época que ela começou a trabalhar com alguém que a inspirou e encorajou a explorar sua parte rock'n'roll: uma DJ de rock chamada Lady Starlight. Gaga conheceu Starlight por meio de Lüc Carol, que era um dos melhores amigos de Starlight e gerenciava o clube em que ela tocava. Mas enquanto o relacionamento de Gaga com Lüc começava a esfriar, sua amizade com Starlight esquentava incrivelmente, e a influenciava cada vez mais. Muitos anos depois, quando a Crossfire perguntou a Starlight qual o seu papel no sucesso global de Gaga, ela respondeu: "Meu estilo, minha performance e meu estilo de DJ inspiraram sua *persona*. Também fui uma das pessoas que lhe disseram para tirar suas calcinhas, porque eu mesma raramente usava uma."

Starlight – nascida Colleen Martin em 23 de dezembro de 1975 – nasceu e foi criada no norte do Estado de Nova York. Com música e estilo de vida alternativos, ela é formada em Filosofia e morou em Londres durante dois anos antes de voltar a Nova York em 2001.

Embora fosse quase dez anos mais velha do que Gaga, ambas tinham espíritos afins. Starlight era uma alma criativa que vivia sua vida espontaneamente com um único propósito: expressar-se através da sua arte.

Durante o dia ela trabalhava como maquiadora profissional da MAC Cosmetics para pagar o aluguel, mas à noite era uma DJ de rock'n'roll, *promoter* e *go go girl*.

"Ela me introduziu na dança *go go*", recorda Gaga sobre o início de sua amizade. "Eu a achei tão fantástica no palco que pensei: 'Tenho que começar a fazer isso'."

Como Gaga ainda estava totalmente sem dinheiro, em vez de comprar trajes para dançar ela mesma os confeccionava.

Sua aparência – que ela descreveu ao *Women's Wear Daily*, em meados de 2007, como "suja, inaceitável" – era conseguida por meio de compras realizadas na M&J Trimming de Manhattan, uma loja de tecidos e aviamentos, onde adquiria minúsculos *strass* para aplicar em seus biquínis, ou metros de franjas para prender em sua cintura, e também comprava polainas da American Apparel.

"Sou uma pessoa que gosta de experimentar coisas diferentes, e por isso comprava montes de couro, montanhas de lantejoulas, e começava a fazer coisas", ela diz. Costumava comprar sutiãs baratos e deixá-los do meu jeito, cobrindo-os com correntes ou decorando-os com franjas.

A prática adquirida quando criança, fazendo os chifres de seu Billy Goat Gruff e modificando suas roupas quando adolescente, tornou-se útil na criação de peças engenhosas de trajes para o palco a partir de cabides de casaco e restos de materiais. Para os pés, em suas performances, ela comprava sapatos de saltos altos em lojas de *stripper* na 42nd Street: "Eles foram feitos para ser mais confortáveis, de modo que posso dançar no palco e ainda manter a altura".

Seu amor por artistas como Madonna e David Bowie aparecia nos trajes que fazia. Adorava seu visual inovador quase tanto quanto sua música, porque a aparência mudava a maneira como era ouvida, e ela queria incorporar isso em sua própria moda para o palco. "Ninguém quer ver David Bowie cantando 'Ziggy Stardust' em um conjunto de moleton", disse ao *Women's Wear Daily*. Era um mantra que ela repetiria durante anos ao defender suas escolhas de moda.

A percepção individual de estilo de Gaga era usada agora no cotidiano – ela não conseguia se imaginar andando de calça de moleton ou camiseta folgada. Uma roupa diurna típica para ela seria um biquíni com estampa de animal, um cinto de lantejoulas rosa, *leggins* de jérsei preto e sapatos Jimmy Choo. "Este é o meu traje diurno", explicou ao *Women's Wear Daily* em 2007. "Não me sinto confortável de camiseta e jeans."

Gaga começou a dançar no palco ao som das bandas metaleiras que adorava, como Metallica, AC/DC e Slayer. Usava reduzidos trajes feitos à mão, que consistiam principalmente de couro, e carregava uma máquina portátil de neblina em sua maleta de mão para que pudesse nela se envolver no palco. Ela agitava os clubes onde dançava, implorando aos DJs para tocar seus discos, enquanto fazia poses provocantes no palco e na pista de dança para o entretenimento dos DJs e dos frequentadores dos clubes.

Inspirada pelo cenário burlesco e buscando maneiras de tornar mais interessante seu show, descobriu uma pequena loja de música subterrânea no coração do Brooklyn, onde prensavam discos de vinil para o uso de artistas de *reggae* e dança.

Gaga tinha um plano brilhante, que envolvia sua mais recente parceira criativa. Prensaria em vinil seus ritmos *pop* e pediria a Lady Starlight para tocá-los enquanto faria sua performance e tocaria sintetizador em vez de piano, para adicionar ao seu show uma vibração real dos anos 1980. Evidentemente seu teclado seria abaixado para que ela tivesse de se inclinar sobre ele e exibir ao público parte de seus seios.

Ninguém estava tocando discos *pop* no cenário *underground*. *Pop* se tornara uma palavra malvista nos bares e nos clubes noturnos. Em vez disso, as pessoas se concentravam em bandas *indie* "sérias" e nos compositores, mas Gaga achava que faltava diversão e vitalidade no cenário musical. Achava também que estava rompendo um tabu tocando *pop* nos bares e nas casas noturnas sujas e manchadas de urina, com carpetes pegajosos e público desordeiro.

"Era a coisa mais provocativa que eu podia fazer no cenário *underground*", disse ela mais tarde. "Não há nada mais provocativo do que pegar um gênero de música que todos odeiam e transformá-lo em uma coisa legal."

Então, no início de 2007, Gaga e Starlight começaram a trabalhar no seu novo show. Elas estavam andando muito juntas e compartilhando ideias e energia criativas. Tocavam vinil no apartamento de Gaga, costurando seus biquínis para o show e ouvindo David Bowie e as New York Dolls, sonhando em maneiras de tornar sua apresentação o assunto da cidade. "Na época, pensávamos: 'O que podemos fazer para deixar todo mundo com inveja?'", ela disse à revista *New York* em 2009

Quando as garotas estavam sem dinheiro para pagar o aluguel do espaço para ensaiar, costumavam praticar no apartamento de Gaga. Colocaram as plataformas giratórias de Starlight na cozinha, com Gaga ao piano e os microfones conectados a um amplificador. Faziam muito barulho com esta aparelhagem relativamente modesta, perturbando os vizinhos de Gaga, que costumavam bater nas paredes gritando para que parassem.

Ensaiavam a música de Gaga repetidas vezes, mas quando Starlight observava a atuação da amiga, via algo mais profundo acontecendo. Como seus ídolos musicais David Bowie e Grace Jones, Gaga não estava apenas cantando, estava se tornando sua música, incorporando tudo – desde a letra até o ritmo e a melodia.

Starlight parava as plataformas giratórias. "Isso na verdade não é um concerto, nem de fato um show. É performance", ela dizia.

"É mesmo?", perguntava Gaga, não sabendo muito bem aonde sua amiga queria chegar.

"Sim", respondia Starlight. "O que você está fazendo não é simplesmente cantar... é arte."

Starlight enfatizava que grande parte do show de Gaga já era diferente daqueles dos artistas convencionais – elas estavam nada menos que girando ritmos programados em computador sobre discos de vinil.

Até aquele momento, Gaga nunca tinha pensado em si mesma como uma artista de performance. Talvez por isso os produtores musicais não quisessem contratá-la, e os executivos das gravadoras não soubessem o que fazer com ela. Ela estava lhes apresentando algo que não se ajustava ao molde deles, algo que era único, e totalmente Gaga!

Elas chamaram o show de *Lady Gaga and the Starlight Revue*, e fizeram apresentações em toda Nova York durante a primavera e o verão de 2007. A primeira apresentação teve lugar em 24 de abril no local favorito de Gaga, The Bitter End.

As duas garotas movimentavam-se em estilos parecidos quando entravam no palco. Com cabelos castanhos-escuros compridos e franja, Gaga mais se parecia com Amy Winehouse do que com a brilhante loura platinada em que se metamorfosearia um ano depois.

Starlight também tinha cabelos negros compridos e franja, e a dupla usava trajes parecidos de malha preta recortada. Gaga com meias rendadas rosa-choque e botas até o joelho, enquanto chacoalhava o sintetizador; Starlight, com calças justas e botas vermelhas até o joelho, criava ritmos em suas plataformas giratórias.

As garotas dançavam juntas números *go go* coreografados, brincando com globos de discoteca do tamanho de bolas de praia, e na sua parte mais perigosa do show punham fogo em jorros de *spray* de cabelo – às vezes na direção da plateia.

O show foi um sucesso. Com seus trajes sensuais, dança sincronizada e a incrível voz de Gaga, elas criaram um verdadeiro tumulto no *underground*. Multidões pagantes apareceram para ver seus shows em locais como o Rockwood Music Hall e o Mercury Lounge. As garotas conseguiram seu maior espetáculo em julho na casa noturna Rebel, onde fizeram a abertura para a banda de *glam-rock* local Semi Precious Weapons. Mais uma vez, elas estavam ali para chocar. Usando calcinhas e sutiãs pretos semelhantes, imensos saltos

altos de plástico transparente e delineador preto pesado nos olhos, o público não conseguia desviar o olhar delas.

Gaga criou uma reputação para si que foi muito além de Nova York, embora na época não tivesse percebido isso. No início de 2007, seu parceiro de criação, Rob Fusari, enviou algumas de suas músicas a um de seus velhos amigos, Vincent Herbert.

Rob e Vincent tinham se conhecido em meados dos anos 1990, quando Vincent estava trabalhando com Destiny's Child e Rob escrevia canções. Eles colaboraram no primeiro sucesso de Destiny's Child, "No no no", e depois começaram a trabalhar como parceiros de produção em Los Angeles.

No entanto, depois de dez anos em LA, Rob já esgotara o que tinha ido fazer lá. Sentia falta de sua querida Nova Jersey, e por isso voltou para casa e estabeleceu sua própria produtora, mas ainda continuava mantendo contato com Vincent, especialmente quando se tratava de um talento musical tão especial quanto Lady Gaga. Quase um ano depois de se conhecerem, Rob enviou a Vincent algumas das canções de Gaga, determinado a tornar conhecido seu talento.

Extremamente impressionado, Vincent voou para Nova York para ver Gaga se apresentar ao vivo. Rob levou seu velho amigo para ver *Lady Gaga and the Starlight Revue*, e Vince ficou boquiaberto. O show energético e genial, as melodias alto-astral e os trajes sensuais produziam um brilho de *glamour* e diversão que há algum tempo vinha faltando na música *pop*.

Vince sabia que estava diante de algo muito especial, e não hesitou em contratar Gaga para seu selo, o Streamline Records, uma parte do imenso selo Interscope. Ela seria parte de um novo rol de artistas que se formara na Interscope para desenvolver novos talentos: a Cherrytree Records.

Finalmente, após centenas de performances ao vivo, meses trabalhando em vários empregos e vivendo praticamente sem dinheiro, parecia que as coisas começavam a caminhar na direção certa.

Capítulo Oito
Tocando no Lollapalooza

As coisas estavam ficando cada vez melhores para Gaga. Ela foi contratada por um selo importante, e a lenda da indústria da música, Vince Herbert, parecia entender seu talento e sua orientação criativa – parecia um movimento muito melhor do que o de Island Def Jam, e ela estava confiante de que seria um esforço frutífero.

As coisas não podiam estar melhores e, para culminar, o show *Lady Gaga and the Starlight Revue* foi contratado para se apresentar em um dos maiores festivais da América.

Em agosto de 2007, Gaga e Starlight embalaram seus pertences e se dirigiram para Chicago. Nenhuma das duas conseguia acreditar que estavam prestes a se apresentar em um dos maiores festivais de música da América – o Lollapalooza. Era como um sonho que se tornava realidade.

Lollapalooza foi iniciado em 1991 como uma turnê de despedida da banda de rock alternativa Jane's Addiction, mas continuou acontecendo todos os anos desde 1997. Em 2003, tornou-se um dos festivais mais importantes e populares dos Estados Unidos.

As apresentações no Lollapalooza compreendiam principalmente bandas de rock alternativo, *hip-hop* e *punk rock*, além de performances de dança e humor. O festival era amplamente visto como sendo o campo de oportunidade para as bandas de rock alternativo disseminarem sua popularidade. Pearl Jam, The Smashing Pumpkins e Red Hot Chili Peppers foram algumas das bandas que se apresentaram com sucesso no Lollapalooza.

Seu público era constituído de experientes veteranos de *indie*/ rock, e *Lady Gaga and the Starlight Revue* era muito diferente das outras apresentações da programação de 2007, que incluía Daft Punk, Yeah Yeah Yeahs, Snow Patrol, Kings of Leon e The Cribs. A última coisa que o público estava esperando era ver duas garotas sensuais de biquíni dançando no palco. Mas Gaga estava ansiosa para ver a reação que provocariam.

Em honra à grande ocasião, a própria Gaga confeccionou um *top* coberto de espelhos, inspirado no falecido rei do *glam-rock*, Marc Bolan, um dos maiores ídolos musicais de Starlight. A ideia, disse mais tarde, era fazer seus seios parecerem duas bolas de discoteca. Isto, mais o adorno de espelho que adicionou à sua calcinha, tornaram sua aparência realmente muito "*disco*".

O festival, realizado no Grant Park, em Chicago, atraiu quase 60 mil amantes da música em 2007, embora fosse improvável que qualquer um deles tivesse ouvido falar das ousadas garotas de Nova York, Gaga e Starlight. Na sexta-feira, 3 de agosto, a noite de abertura do festival, apresentaram-se artistas e bandas como M.I.A., LCD Soundsystem e Electric Six. Estava um dia absurdamente quente, e as pessoas do público esvaziavam garrafas de água sobre si mesmas para se refrescar.

Starlight e Gaga assistiam junto com o público; mal podiam acreditar que, no dia seguinte, estariam no palco, cantando e se apresentando diante daquela enorme multidão.

Quando sábado chegou, Gaga e Starlight esperavam seu momento, preparando-se para a apresentação. Havia uma enorme multidão esperando para vê-las e, embora o tempo prometesse chuva, o sol brilhava para *Lady Gaga and the Starlight Revue*.

As garotas entraram no palco, Gaga em um vestido azul faiscante e Sarlight em um colete de brim tipo Iron Maiden. Embora estivessem cobertas, as duas usavam saltos incríveis de 13 centímetros, indicando ao público que esta seria uma performance diferente de qualquer outra que eles veriam naquele fim de semana.

Uma gigantesca bola de discoteca foi baixada no meio do palco e as duas "Ladies" ficaram com seus braços paralisados no ar enquanto a confiável máquina de neblina de Gaga criava uma atmosfera em torno delas. Gaga foi para o sintetizador e Starlight para as plataformas giratórias, e então a dupla dançou e se despiu, ficando de roupas íntimas diante da plateia. Pelo menos essa parte do programado seguiu de acordo com os planos, e a dança – giros de dança *go go* provocativos iniciando formidáveis coros *pop* – provocou uma tempestade.

Entre as canções, as garotas lançavam *spray* de cabelo em seus longos cachos, antes de pôr fogo neles, um truque que traziam dos clubes noturnos de Nova York.

O público estava totalmente em choque. As pessoas não estavam esperando ver nada deste tipo em um festival de música alternativa. Fascinadas pelas duas garotas sensuais se despindo, dançando, incendiando os cabelos e tocando música *pop*, começaram a gritar e aplaudir.

Mas nem tudo correu às mil maravilhas. A dupla experimentou enormes dificuldades técnicas no palco, e Gaga viu-se exasperada tentando resolver os problemas do seu equipamento diante de um público tão imenso. Ela nunca tinha enfrentado nada tão grande; era muito diferente dos bares escuros e cheirando a urina onde se apresentava em Nova York.

Com nervos de aço, Gaga conseguiu executar todas as nove canções que havia feito no sintetizador, incluindo as inéditas "Blueberry kisses" e "Dirty ice cream", e faixas que incluiria em seu álbum de estreia, *The Fame*: "Boys boys boys", "Beautiful, dirty, rich" e "Disco heaven".

"Essa não foi uma apresentação que eu escolheria recordar com saudade", disse mais tarde ao *About.com*. "Mas o que mais gostei foi que o mar de hippies e todas as tribos que estavam ali não esperavam ver o que viram, e adorei seu aspecto de arte chocante."

Embora não conseguisse se lembrar da performance com saudade, as críticas e *blogs* só falavam dela depois do festival. "Lady Gaga – Que diabos acabei de ver? Incrível!", escreveu um crítico.

O aspecto chocante da performance estava começando a empolgar Gaga, e ela estava fascinada por isso. "O público deve ter pensado: 'Quem é ela? Por que está aqui? Isto é mesmo música?', e adorei isso. Havia inspirado choque nas pessoas, e isso me fascinava. O que era tão chocante? Eu simplesmente queria que as pessoas fossem entretidas de uma maneira que não costumavam ser, e você nunca verá o mesmo show duas vezes."

Embora Gaga e Starlight achassem que o show podia ter sido melhor, ficaram contentes e decidiram passar o resto do dia comemorando o feito. Mas o dia não passou sem incidente, porque Gaga acabou tendo uma discussão com a polícia e acabou presa. No entanto, a prisão não foi por porte ou uso de drogas como se poderia esperar, mas por causa da minúscula e sensual calcinha que ela vestia sobre sua malha de elastano e suas botas de salto alto, o que era demais para um policial de bicicleta.

"Você precisa colocar seu traseiro contra as grades", disse o policial. "Há crianças aqui."

Gaga não conseguia acreditar. Costumava andar por todo o Lower East Side vestida com sua calcinha sensual, saltos de 15 centímetros e camiseta de estampa de leopardo, mas aqui em Chicago, em um festival de música alternativa, ela seria presa por causa da sua roupa?

Ela falou ao *Women's Wear Daily* depois do fim de semana: "Está acontecendo um enorme festival com pessoas usando cocaína e maconha, e ele estava me prendendo?". Nunca desprovida de um agudo senso de humor nova-iorquino, acrescentou: "Na verdade, eu queria ser algemada vestida com um macacão".

Como se as dificuldades técnicas no palco e o incidente da calcinha não fossem o bastante, naquele final de semana Gaga ainda enfrentou problemas com os *paparazzi*, embora por uma razão muito diferente daquelas que sempre esperara.

A cantora Amy Winehouse também estava se apresentando no Lollapalooza, no Buddy Light Stage, e, com sua constituição física magra, tatuagens e longos cabelos escuros, pode-se imaginar como talvez, a distância, alguns jornalistas e fotógrafos malandros que não haviam feito sua lição de casa direito podem ter confundido Gaga com a menestrel *pop* britânica.

Para Gaga, no entanto, embora isso atraísse a atenção da mídia, não era o tipo de atenção que estava esperando. Os *paparazzi* a caçaram durante todo o festival, chamando-a de "Amy! Amy!", e um jornalista passou cinco minutos falando com ela antes de perceber que não era a cantora britânica.

Depois de voltar a Nova York, *Lady Gaga and the Starlight Revue* foi apresentado em alguns outros shows, incluindo o *Extreme Hangover*, edição do Dia do Trabalho, no Cyn Lounge. Para esta apresentação as garotas fizeram um curto vídeo para a internet anunciando o espetáculo, e nele apareciam de biquíni girando e dançando no palco, enquanto uma música do Metallica tocava ao fundo.

Gaga comprou água oxigenada e descoloriu seu cabelo, dando-lhe um tom chocante de loiro, lembrando uma Madonna do início dos anos 1980. "Amy é uma pessoa poderosa, mas eu quero ser conhecida pelo meu próprio visual", explicou Gaga mais tarde ao jornal *Sun* sobre sua decisão de mudar drasticamente seu estilo.

A estreia de seu novo visual loiro aconteceu em um show montado por ela e Starlight, chamado *New York Street revival and trash dance*. Descrito nos volantes como um "*pop*, rock'n'roll, *glam* e metal burlesco", o show estava agendado para ser apresentado nas três primeiras quintas-feiras de outubro no Slipper Room. E havia uma surpresa, este show tinha uma proposta ligeiramente diferente. Além de ter Gaga e Starlight no palco, haveria também duas dançarinas de apoio fazendo uma coreografia, enquanto Gaga e Starlight tocavam as faixas no vinil.

As apresentações foram um grande sucesso, mas o novo estilo de Gaga e sua performance foram um choque absoluto para aqueles que a tinham conhecido como Stefani Germanotta.

"Fiquei muito chocada a primeira vez que a vi se apresentar como Lady Gaga", disse Cristina Civetta, escritora e *designer* de moda de Nova York contemporânea de Gaga no Sacred Heart alguns anos antes. "Foi no clube The Slipper Room, do Lower East Side, e ela vestia um sutiã em forma de cone e uma reduzidíssima calcinha. Exclamei: 'Puxa, como você mudou!'. Mas quando conversamos, vi que não havia mudado em nada. Não estava sequer bebendo. Era ainda uma boa garota. Realmente acho que sua moral ainda está intacta", acrescentou Cristina ao *Daily Mail* em março de 2009.

Embora suas performances ao vivo possam ter sido chocantes para aqueles que a tinham conhecido antes, Gaga era exatamente a mesma garota que sempre fora. Criada por seus pais para ser uma pessoa trabalhadora, respeitosa e ambiciosa, ela ainda tinha todas essas qualidades. Só que agora seu lado experimental, que ficara durante tanto tempo adormecido, tinha sido liberado – e ela estava usando calcinhas sensuais.

As apresentações do show em outubro no Lower East Side foram um sucesso. E mal sabia Gaga que certas forças estavam em ação, bem distante dos sujos bares noturnos do *underground* de Nova York, forças estas que impulsionariam sua carreira para o próximo nível.

Capítulo Nove
Akon oferece ajuda

Embora RedOne e Gaga só tivessem conseguido trabalhar juntos durante um curto tempo, ele se surpreendeu. Gaga tinha ótimo ouvido para música *pop*, e ele sabia que ela seria o tempero perfeito para um projeto secundário – a produtora musical RedOneKonvict – que ele dirigia com Akon.

Segundo o *NME*, o compositor, produtor e executor de música urbana Akon nasceu Aliaune Thiam, em Dacar, no Senegal, filho de um percussionista de *jazz*. Depois de passar sua juventude na África, a família de Akon mudou-se para a América, estabelecendo-se em Nova Jersey. Quando ele estava no ensino médio, teve problemas com a polícia, mas passar algum tempo preso deixou o adolescente determinado a mudar sua vida e seguir seu pai no ramo da música.

Ao ser solto, gravou uma fita demo, que enviou ao importante selo Universal, conseguindo, assim, um contrato. Nessa altura, Aliaune assumiu o nome de Akon para marcar oficialmente o início de sua carreira musical, e gravou um álbum de estreia, que foi um grande sucesso.

Tendo herdado de seu pai o talento para compor e executar música, Akon montou uma série de projetos secundários, incluindo uma organização para reabilitar prisioneiros depois de libertados da prisão, e o lançamento de seu próprio selo, Konvict Muzik. O RedOneKonvict foi montado com RedOne para compor música a artistas consagrados, como New Kids on the Block e Brandy.

Akon recorda como seu parceiro de produção foi persistente em querer Lady Gaga na equipe. "RedOne ficava o tempo todo me dizendo: 'Gaga, Gaga, Gaga!' Na época não entendi, mas estávamos trabalhando no Pussycat Dolls e a trouxemos para compor alguma coisa para nós", disse ao *B96 Morning Show*.

Gaga não conseguia acreditar. Estava nas nuvens por esta oportunidade. Embora ainda estivesse determinada a obter reconhecimento musical pela apresentação de sua própria música, era uma grande oportunidade trabalhar ao lado de mentes criativas já estabelecidas. E não perdeu a chance, mas ainda estava em dúvida se se adequaria a este tipo de indústria musical que trabalhava com músicos já colocados no mercado.

Em sua primeira reunião, Gaga não conseguiu evitar o nervosismo e chegou mesmo a duvidar de suas habilidades. "Eu simplesmente pensava: 'Que diabos este cara vê em mim? Sou apenas uma garota do centro de Nova York, meio *nerd*. Não imaginava que ele ia me achar esperta. Mas achou!'".

Para Akon, demorou apenas alguns dias para perceber a extensão do talento de Gaga. Depois que começaram a trabalhar juntos compondo canções, percebeu "a compositora maravilhosa que ela era. Então, no dia seguinte, ela estava fazendo a demo de alguns vocais, e percebi como era maravilhosa como cantora. No outro dia foi a mesma coisa: 'E o que ela vai vestir hoje!?'. E a cada dia ela vestia algo novo, diferente, colorido e totalmente anos 1980. Ela era assim, era o seu jeito. Não estava programada para fazer isso, era simplesmente assim", ele disse.

Na opinião de Akon, ter um gosto estranho para roupas não era tão importante quanto ser uma boa vocalista, mas isso lhe mostrava que Gaga já estava direcionando sua superestrela interna. "Isso mostra que o artista já está identificado com quem ele é, o que facilita as coisas para nós – não temos que lhe criar uma 'imagem'. Ele já é exatamente o que vemos", explicou Akon ao *B96*.

O talento de Gaga como compositora e vocalista, e sua percepção do próprio estilo, significavam apenas uma coisa para Akon, e ele podia enxergar isso a quilômetros de distância: a infalível qualidade de uma estrela. Algo que, em sua longa experiência na indústria da música, era extremamente raro.

Ela também tinha muita experiência. Sem dúvida isso não estava num nível muito visível, mas seus anos de aprimoramento em Nova York – escrevendo música, apresentando-se constantemente em shows, trabalhando como estagiária em gravadoras e entrando em contato com o lado obscuro do estilo de vida dos artistas – haviam lhe ensinado lições valiosas do negócio da música.

Ela soube manter sua cabeça livre da influência perturbadora das drogas. Sabia que queria estar cercada pelos amigos, que eram inteligentes, criativos e artistas e a encorajavam a ser ela mesma, ajudando-a a concretizar suas pretensões musicais. O Sacred Heart ensinara-lhe que o fracasso não era uma opção, enquanto seu treinador vocal, Don Lawrence, inculcou nela a disciplina que se consegue com o trabalho árduo e incessante. Gaga começou a ser reconhecida por seu trabalho quando abraçou quem realmente era – uma intérprete peculiar, que gostava de pensar em suas canções como uma arte performática, e não apenas como música *pop*. Ser fiel consigo mesma era a coisa mais importante do mundo para ela, e isso jamais mudaria. Estas são lições que ela nunca teria aprendido se tivesse se tornado famosa por vencer um *American Idol* ou alguma outra competição de talentos.

Gaga era tão determinada e ambiciosa que costumava tirar apenas algumas poucas horas do seu dia para dormir. Mas parou de se preocupar com isso assim que conheceu Akon, que, como ela logo percebeu, tinha uma ética de trabalho ainda mais rígida que a sua.

"Ele realmente não dorme", disse ela ao *B96*. "Ficava no estúdio com ele até seis ou sete e pouco da manhã, então seu agente entrava e dizia: 'Você tem uma apresentação na TV agora às 8 horas'. E ele respondia: 'OK, então ainda tenho trinta minutos'. Daí, saía para fazer a apresentação, depois voltava para o estúdio e trabalhava o dia todo. Ele não para. Eu costumava me preocupar com o sono, mas agora não me preocupo mais!"

Embora ficasse impressionada com a resistência de Akon, em sua mente ele não estava fazendo nada além do que havia se proposto quando lançou o selo.

"As pessoas se esquecem de que isto é um emprego", diz ele sobre o trabalho na indústria da música. "Sabemos que é muito divertido, e há tantas vantagens associadas a isto que às vezes nos esquecemos de que estamos realmente trabalhando. Isso acontece muito."

Gaga começou a trabalhar no estúdio com Akon em faixas para o álbum seguinte das Pussycat Dolls, *Doll domination*, escrevendo músicas com compositores como Fernando Garibay e Rodney Jerkins.

Jerkins era um compositor experiente, e já escrevera muitos sucessos para vários artistas desde 1994. Dirigiu alguns selos e agora estava à frente do A&R de Island Def Jam, o selo que rejeitara Gaga apenas alguns meses antes, embora nenhum dos dois estivesse triste por estar trabalhando um com o outro. Gaga foi muito elegante ao ser rejeitada pelo selo, e estava incrivelmente feliz com a maneira como as coisas tinham se desenrolado desde então.

Gaga e Jerkins trabalharam juntos em algumas canções para as Pussycat Dolls. Mas uma delas não se adequava muito ao som das Dolls, mas Gaga gostou tanto que resolveu ela própria cantá-la.

No dia seguinte, Jerkins estava no estúdio ouvindo a gravação que tinham feito de uma música chamada "Quicksand" quando Larry Rudolph, agente de Britney Spears, entrou para cumprimentá-lo.

Ele ouviu a música e ficou "louco". "Que diabos é isto?", perguntou. "Britney vai cantar isto!"

Jerkins ficou confuso. Nessa época, Britney aparecia muito na mídia. Havia fotos suas na internet supostamente sob a influência de drogas, a mídia dizia que ela estava sofrendo um colapso nervoso, e que os tribunais lhe tirariam a guarda dos filhos. Jerkins não entendia que, apesar de tudo, Britney estivesse procurando canções. Rudolph confirmou que Britney estava preparando um novo álbum e lhe implorou que o deixasse levar a canção para ela ouvir.

Mais tarde Jerkins telefonou para Gaga a fim de lhe contar a novidade, dizendo: "O pessoal da Britney ficou louco com a canção!".

Gaga ficou em êxtase. Era fã ardorosa de Britney e não conseguia acreditar que um de seus ídolos pudesse realmente gostar de uma canção que tinha escrito para ela própria cantar.

Embora o agente de Britney tivesse adorado a canção, Gaga sabia que a decisão seria tomada pela própria Britney. Foram alguns dias de ansiosa expectativa, até que ela e Jerkins foram informados por Rudolph que Britney adorara a canção e a gravaria.

"Quando descobri que ela adorou a canção e iria gravá-la, foi incrível", Gaga disse, emocionada. Recordou com saudade seus dias no ensino médio, quando ela e suas amigas pegaram o metrô para o *TRL** depois da escola para gritar por Britney na Times Square. Ela se lembrava de como Britney e todos os outros rapazes do Mickey Mouse Club provocavam engarrafamentos do trânsito enquanto badernas de adolescentes aos gritos bloqueavam as ruas.

* Total Request Live, também conhecido por TRL, é um programa exibido pela MTV em que se faz uma contagem diária do Top 10 dos videoclipes mais votados pelo público e onde aparecem normalmente figuras internacionalmente conhecidas, como Black Eyed Peas e Madonna. (N. T.)

Gaga tornou-se mais determinada do que nunca a atingir seu objetivo de fama. Ela própria queria provocar engarrafamentos no trânsito – nada menos que isso.

Gaga descobriu que o processo de composição de canções para os outros artistas vinha facilmente, e sempre escreveu refrãos grandes e melódicos. Escrevia principalmente no piano, e com frequência brincava dizendo que fazia seus melhores trabalhos quando estava "ferrada" – de ressaca e cansada. Para ela, compor canções era um processo rápido. "Uma gravação de sucesso surge por si mesma", disse ao *Billboard*. "Se você tem que esperar, talvez a canção não esteja ali. Quando você se conecta com a alma, a canção começa a surgir. E eu, em geral, escrevo primeiro os refrãos, porque, sem um bom refrão, quem se importa?"

Meia hora era o tempo de Gaga para compor uma canção. Em sua opinião, se demorasse mais tempo que isso provavelmente não seria uma boa canção.

Suas composições eram revigorantes para pesos pesados da indústria como Rodney Jerkins, que já escrevera sucessos para nomes importantes como Brandy e Monica ("The boy is mine"), Michael Jackson ("You rock my world"), Whitney Houston ("It's not right but it's okay"), Destiny's Child ("Say my name") e Beyoncé ("Déjà vu").

Jerkins trabalhava há muito tempo na indústria e colaborava com muitos cantores e produtores. Por isso, ficou surpreso diante do profissionalismo e do talento de Gaga como compositora, especialmente considerando que ela tinha apenas 21 anos. Ao escrever canções para outras pessoas, costumava usar um método ligeiramente diferente do utilizado quando escrevia para ela mesma.

"Às vezes, quando faço algo para mim mesma sou um pouquinho mais ousada", explicou à revista *iProng*. "Simplesmente penso em algo que talvez ninguém, além de mim, pudesse enfrentar. Mas sempre componho mais ou menos da mesma maneira. Escrever uma canção *pop* e um grande refrão é algo especial para cada canção.

Às vezes faço algo especial para determinada artista e a utilizo como minha musa, mas em termos de melodia as coisas sempre vêm do mesmo lugar da alma."

Além de trabalhar em projetos específicos para Akon, Gaga tornou-se sua conselheira para as letras e melodias. Akon a considerava capaz de romper qualquer bloqueio mental criativo que ele pudesse ter. A dupla construiu um relacionamento de trabalho bastante próximo, sobre o qual Gaga permanece notoriamente calada em relação à mídia, preferindo manter privada sua parceria criativa, embora tenha declarado várias vezes que se tornou uma compositora muito melhor depois que começou a trabalhar com Akon.

"Akon é um compositor muito talentoso, é muito bom trabalhar com ele", disse ao *About.com*. "Suas melodias são totalmente loucas. É engraçado, mas penso muito nele quando estou compondo minhas melodias, porque ele é tão simples, e tem sido sempre maravilhoso."

"Ele me mantém sobre meus pés, muito assentada, mas também me coloca em uma bandeja de prata, o que é sempre muito bom. Por isso tem sido uma influência incrível. Toda vez que se trabalha com alguém que é melhor do que você, você se torna melhor."

Fora do estúdio, Akon apoiava muito o trabalho pessoal de Gaga como artista. Embora seu selo, o Kon Live Distribution, fosse predominantemente dedicado a produções de R&B e *hip-hop*, havia uma qualidade na música de Gaga que ele achava universal. Todos que assistiam a suas apresentações pareciam muito conectados com ela – garotas, rapazes, gays, heteros, urbanos, rock, *indie*, dance, pop – de modo que Akon decidiu apoiá-la em outro nível e contratá-la como artista do seu selo.

Gaga já era contratada do Streamline Records, de Vince Herbert, o que poderia ter dificultado as coisas, mas tanto Streamline quanto Kon Live são parte do megasselo Interscope e, portanto, efetivamente, Vince Herbert e Akon tinham o mesmo chefe: o senhor supremo e presidente da Interscope, Jimmy Iovine.

Felizmente para todas as partes interessadas, Jimmy não fez objeções à transação. Ele era um grande fã de Gaga. Na verdade, a dupla se deu maravilhosamente bem. “Eu sou o tipo de garota italiana do Brooklyn que ele teria gostado de levar ao baile de formatura”, ela disse, rindo, ao *blog* de música *LA Times*. “Ele me *adora*.”

Depois de longas conversas com Vince Herbert e Jimmy Iovine o acordo foi fechado. Alguns meses antes Gaga não estava ligada a nenhum selo, e agora, de repente, era contratada por três: Streamline, Kon Live e Interscope, um arranjo que ela descreveu como “a dinastia”.

Próximo ao final de 2007, Vincent Herbert estava conversando com Gaga sobre a composição de canções, mas não para outras pessoas. Ele queria que ela começasse a trabalhar em seu próprio álbum de estreia, mas, para isso, teria de fazer uma mudança dramática em sua vida: deixar a cidade que amava, o lar que a havia inspirado tanto, e se mudar para Los Angeles, na Califórnia, do outro lado dos Estados Unidos.

Embora já tivesse algumas faixas, como “Beautiful, dirty, rich”, escritas para seu álbum, sabia que precisava de mais alguns sucessos.

Foi uma época triste, por saber que deixaria seus amigos em Nova York. Gaga sentia-se feliz por estar trabalhando em tempo integral em sua música, mas uma parte dela sentia-se triste por ter de abandonar a agitação de sua cidade natal.

Para celebrar seu sucesso, na véspera de Ano-Novo de 2007, Gaga, Lady Starlight e sua amiga Darian Darling agitaram a cidade. Gaga ainda balançava seu cabelo loiro, embora nessa época estivesse com uma tonalidade mais escura, e usava um vestido preto com sapatos pretos de salto alto. Darian e Lady Starlight usavam saltos altos e casacos de pele brancos, e as amigas tiveram uma noite fabulosa. No entanto, Gaga achou que essa não era uma maneira suficientemente boa para se despedir de suas amigas, por isso organizou uma festa de despedida em um bar que suas amigas sempre frequentavam na Rivington Street.

Gaga convidou todos os seus amigos do Lower East Side e, com uma disposição louca, decidiu levar toda sua bagagem para o bar, para que pudesse ir direto ao aeroporto e embarcar para Los Angeles no início da manhã. Não queria perder um segundo com suas amigas queridas. E foi uma festa frenética, que seria bastante lembrada na história de Lady Gaga.

Capítulo Dez
Mudança para Los Angeles

A frenética festa de despedida de Gaga ainda continuava bastante animada nas primeiras horas da manhã, quando o carro chegou para levá-la ao aeroporto. Ela estava feliz, tomando durante toda a noite sua bebida preferida – vinho tinto –, e como resultado a festa ficara um pouquinho fora de controle.

Ficou sem blusa durante a maior parte da noite e, quando o automóvel chegou, teve de se cobrir rapidamente, pegar suas malas e soprar beijos para todos os seus amigos. Largou suas chaves e seu telefone em algum lugar do bar (embora, é claro, não fosse precisar deles, estava se dirigindo para um apartamento novinho em Los Angeles).

Depois de beber muito durante a noite toda, Gaga sofreu uma terrível ressaca durante o voo de cinco horas. Passava de uma música a outra em seu iPod para se distrair de todo o mal-estar que sentia, quando decidiu escutar um velho favorito: o álbum *Abbey Road* dos Beatles. "Acredite ou não, ouvi *Abbey Road*... o tempo todo enquanto fazia este álbum", disse mais tarde sobre como a música de outros artistas haviam influenciado *The Fame*. "Penso principalmente na alegria daquele disco, na linha melódica, na celebração."

Quando o avião aterrissou, Gaga ainda estava de ressaca, mas, sempre determinada, foi diretamente ao estúdio para começar a trabalhar "em um ímpeto de ressaca de 'Preciso compor um disco de sucesso'", disse ao *B96*. "Escrevi 'Just dance' com a minha blusa pelo avesso. Sem chaves nem telefone!"

O estúdio em que gravaria ficava no Record Plant, um dos mais famosos estúdios de gravação da América e o lugar onde alguns de seus ídolos, como Queen e Black Sabbath, haviam gravado muitos de seus álbuns.

Quando chegou, Gaga ficou boquiaberta com o que viu. "O Record Plant é um dos maiores e mais incríveis estúdios de todos os tempos. Foi totalmente diferente para mim, alguém que estava sempre trabalhando dentro do apartamento ou em estúdios domésticos, entrar e ver Kanye mixando seu disco, Snoop Dogg andando pelo corredor e Teddy Riley ali."

Felizmente para Gaga havia um velho amigo no Record Plant esperando para saudá-la com um grande sorriso no rosto. Era RedOne, com quem trabalhara no poppy "Boys boys boys", que exigira que seu parceiro de produção Akon começasse trabalhando com ela.

Ficou encantada em vê-lo e muito excitada por estar naquele estúdio. "Eu me sentia como se fosse a Madonna em 1985, pensando, 'Oh, meu Deus, este lugar é tão enorme!'", lembrou-se Gaga mais tarde. Seus coagentes Troy Carter e Leah Landon também estavam prontos para recebê-la em Los Angeles e no Record Plant. Pouco depois, Gaga começou a desejar não ter abusado tanto na noite anterior.

A organização no Record Plant era muito profissional, e Gaga não estava acostumada a ser esperada enquanto trabalhava em sua música. Os funcionários entravam no estúdio para lhe perguntar se queria tomar alguma coisa... Ela não conseguia acreditar em como era diferente de gravar em um gravador de quatro canais em seu apartamento do East Village.

O estúdio destinado a Gaga e RedOne era bonito, repleto de equipamentos fantásticos e modernos que impressionaram a mente de Gaga. Ela achou tudo tão fabuloso, que pulava pela sala tirando fotos com sua câmera para mostrar a todos em Nova York. Tirando o fato de ela se esgueirar nos estúdios de gravação da Universidade de Nova York para usar seus equipamentos, nunca tivera tanta tecnologia cara à sua disposição.

Ter aprendido a fazer coisas sem nenhum dinheiro deixava Gaga mais do que feliz e à vontade para usar seu *laptop*. E, ao trabalhar com RedOne, a dupla faria a música real – isto é, a programação das batidas – em seu Apple MacBook Pros. Ela ria em ver como eles pareciam engraçados, sentados no canto daquele estúdio enorme com tanto equipamento, usando apenas seus *laptops*.

RedOne via como Gaga estava de ressaca e sorria. Ela sempre fora "bicho de festa", e ele não estava nem um pouco suspreso. "Você não parece bem!". E ela respondeu: "Eu sei, exagerei um pouquinho a noite passada."

De repente, RedOne olhou para ela. "Gagi-neti", ele disse com seu sotaque pan-europeu, usando o apelido que lhe dera. "Tive uma ideia..."

E RedOne começou a tocar os acordes que mais tarde formariam o corpo de "Just dance". Gaga adorou o que estava ouvindo e começou a cantar, "I've had a little bit too much..." ("Eu exagerei um pouquinho demais...").

"Começamos a cantar juntos, compondo juntos as melodias", disse RedOne. "Ela simplesmente aparecia com a letra

– é uma letrista incrível, doida, sofisticada. Nada elaborado demais. Apenas cem por cento inspiração."

Eles tinham quase toda a música pronta em vinte minutos. Gaga sentia-se um pouco nervosa. Seu novo agente, Troy Carter, estava na sala – ela, em geral, não permitia ninguém na mesma sala em que estava quando compunha algo, mas achava que não podia lhe dizer não, pois ele era novo ali. Troy não conseguia acreditar no que estava ouvindo – a canção era um sucesso certo e eles a tinham escrito em menos de uma hora!

"Então, entra Vincent Herbert e diz: 'Oh, meu Deus, e agora!'", disse Gaga. "E depois Leah Landon – ela é minha outra agente: 'Toque aquela primeira dança. Quero escutar aquela primeira dança!' E foi instantâneo! Todos ficaram loucos!"

Depois de aprimorar a letra e trabalhar nas batidas, Gaga soube que, escrevendo "Just dance", havia criado um tipo especial de mágica que perpassaria todo seu álbum de estreia. Era uma canção inspirada em muitos fins de noite e em seus amigos de Nova York – coisas que lhe eram muito caras.

"A canção, na verdade, é uma ode a Nova York e estar nos clubes noturnos, embebedar-se e realmente ter que ir para casa, mas, em vez disso, você simplesmente dança e desfruta da noite", explicou à revista *iProng*.

"Mas acho que, em um nível mais profundo, a canção é sobre ultrapassar os limites em geral. Estava em um momento da minha vida em que compunha uma música após a outra, buscando aquele inegável primeiro *single*, e "Just dance" foi o meu sucesso.

Gaga estava preocupada com o que Akon pensaria dela. "Akon é aquele cara do R&B, do mais cosmopolita e elaborado *hip-hop*... E eu não sabia o que pensaria daquilo." Mas ela não precisava ter se preocupado. Akon gostou tanto da música, que emprestou seus talentos para produzi-la com RedOne e Gaga. E também acrescentou outros vocais, e até conseguiu que um de seus cantores da Konvict, Colby O'Donis, participasse da gravação com Gaga.

Gaga não conseguia acreditar na rapidez com que conseguira compor "Just dance". Já estava trabalhando há tanto tempo em seu álbum em Nova York, que achava ter chegado a uma encruzilhada em sua composição.

"Estava tentando ser tão *cool* com minha própria música, mas conseguia soluções melhores quando escrevia para outros artistas, porque aí não tentava ser assim", ela disse à revista *HX*. "Então, quando escrevi 'Just dance', essa foi a minha maneira de ser, de 'escrever uma boa canção. E de parar de me preocupar com o que está por baixo da superfície. De me preocupar em escrever uma música ótima.' Na verdade, essa música terminou sendo mais poderosa do que qualquer uma daquelas em que quebrei a cabeça trabalhando, e depois veio o fluxo de uma música atrás da outra. Era quase como se um programa tivesse disparado em meu cérebro, e eu tivesse descoberto como escrever uma boa canção *pop*."

A gravação do álbum podia estar indo realmente bem, mas Gaga sentia saudade de Nova York. "O que eu devia fazer? Festejar com celebridades em um *nightclub*, com um midori* com limão na mão? Não era o mesmo que estar em um bar que cheira urina com todos os seus amigos de Nova York", disse à revista *New York* em 2009 sobre viver em Los Angeles.

Para sua sorte, trabalhar no álbum estava ocupando grande parte de seu tempo, e compor a ajudava a enfrentar a saudade. "Escrevo sobre o que conheço", disse à revista *Elle* sobre seu processo criativo. "Sexo, pornografia, arte, obsessão com a fama, drogas e álcool. Por que alguém se daria ao trabalho de me ouvir se eu não fosse uma especialista naquilo que escrevo?"

"O próprio álbum é a minha história e a de meus amigos e das nossas vidas em Nova York, e, ou você quer conhecer isso e fazer

* Licor de melão. (N. T.)

parte, ou não quer. Sou cem por cento honesta no que faço e naquilo que sou; não tenho nada a esconder."

Gaga estava definitivamente ocupada, mas não tanto que não pudesse conhecer amigos novos, criativos – amigos que terminariam fazendo parte da mítica Haus of Gaga, um grupo de artistas, *designers* e criadores que viajavam com Gaga em suas turnês e a ajudavam a concretizar suas visões musicais, a desenhar suas roupas e cenários, e eram os críticos de suas ideias para as apresentações ao vivo.

Um dos primeiros membros oficiais da Haus foi o DJ Nick Dresti, cujo nome artístico é Space Cowboy. Nascido em Paris, ele se mudou para o Reino Unido quando estava com 10 anos e logo foi mordido pelo mosquitinho da música. Quando adolescente, foi DJ em *sweaty clubs* de Londres, mixando *rock* com *techno*, *electro*, *hip-hop* e *straight-up dance*.

Space Cowboy lançou dois álbuns, mas foi um *single* chamado "My egyptian lover" o mais tocado na *Radio 1* e em outras emissoras de rádio britânicas. A Cherrytree Records ficava atenta ao que vinha do Reino Unido – um manancial de talentos quando se tratava de compositores e produtores –, e gostou do estilo musical de Space Cowboy, contratando-o em meados de 2007.

O selo queria apresentar Gaga a Space Cowboy, achando que eles seriam pura dinamite se pudessem trabalhar juntos em algum material. Quando os dois se falaram, descobriram um amor eclético mútuo pela música.

"Eu me lembro que nossa primeira conversa foi por telefone", disse Space Cowboy. "Ela falou sobre lantejoulas, bolas de discoteca, Prince, David Bowie e pintura no corpo. Basicamente estava falando a minha língua."

Como a dupla se entendeu muito bem ao telefone, decidiu se encontrar pessoalmente. Space Cowboy finalmente foi a Los Angeles, e os dois se deram tão bem, que Gaga decidiu convidá-lo para se juntar a ela nas turnês. Gaga tinha um grupo de turnê muito pequeno, que na época consistia apenas dela mesma, seus agentes e duas dançarinas de fundo, Dina e Pepper.

Com um show ao vivo sendo montado, Gaga dedicou-se a compor o resto do álbum. Faixas como "Again again", "Disco heaven", "Brown eyes", "Beautiful, dirty, rich" e "Paparazzi" foram escritas com Rob Fusari, o produtor de Nova Jersey que a descobriu em 2006. Mas ela ainda tinha mais sucessos para escrever, e com um novo grupo de parceiros criativos. Gaga e RedOne voltaram para o estúdio para trabalhar no próximo sucesso, "Poker face".

"Tenho tido encontros com muitos rapazes que são, na verdade, sexo, bebida e jogo, e por isso queria escrever uma música que meus namorados gostassem", explicou Gaga a *Pop Tarts*. "Mas algo sobre o qual realmente não comento é que se você ouve o refrão, eu digo: 'ele me entende como ninguém', e depois: 'ela me entende como ninguém'. Isso induziu a certa confusão sobre amor e sexo."

Para acrescentar à letra já maliciosa da canção, Gaga usou o verso de uma canção que escreveu anos antes em Nova York, chamada "Blueberry kisses", que apresentou no Lollapalooza com Lady Starlight. "Blueberry kisses" era sobre "uma garota cantando para seu namorado sobre como ela quer que ele a penetre", explicou Gaga mais tarde. "Usei o verso 'Bluberry kisses, the muffin man misses them kisses'." E depois mudou para "I'm bluffin' with my muffin", uma letra que causaria controvérsia quando a canção foi lançada como um *single*.

"Obviamente, é a face de pôquer da minha vagina!", diria mais tarde em inúmeras ocasiões, explicando que a canção era sobre ela estar com seu namorado, mas fantasiando estar com uma mulher.

Ao escrever "Poker face" – como acontece com todas as suas canções –, Gaga manteve em mente elementos visuais da canção para suas apresentações.

"Sempre tenho uma visão", disse ao *Guardian*. "Quando estou compondo uma canção, sempre penso nas roupas e na maneira como vou cantar... como vou me mover, este tipo de coisa está inserido na canção. Não é apenas uma canção, e não vou simplesmente ficar de pé no palco e cantar."

Desde cedo interessada por arte, ao escrever cada canção, imagina uma forma específica para ela e as apresentações. "É o que as pessoas se lembram com relação aos seus ícones", explicou à revista *ASOS*.

"Quando penso em David Bowie, imagino uma forma específica – é seu cabelo em *Ziggy Stardust*. Com Grace Jones, vejo uma forma para ela. Crio estes tipos de forma para meu próprio trabalho e penso em cada traje como se fosse uma pintura."

Mais enigmaticamente, quando foi entrevistada em Cingapura em 2009, falou sobre este elemento visual de suas músicas: "Quando escrevo canções, ouço as melodias e a letra, mas também vejo cores; vejo o som como um muro de cores. Por exemplo, 'Poker face' tem uma profunda cor âmbar, e quando você vir o show vai ver essa cor."

É duvidoso se seus coprodutores visualizavam a música exatamente da mesma maneira. Mas uma coisa é certa: todos ficavam impressionados diante do profissionalismo e da velocidade com que ela trabalhava.

"Ela escreveu quase todos os seus sucessos em uma semana", disse Vince Herbert, que contratou Gaga para o Streamline Records, em uma entrevista à *Billboard*. "Ela voou para Los Angeles, sentou-se em um estúdio com RedOne e simplesmente os gerou."

RedOne sabia que seu amor pela música dos anos 1980 era o som perfeito para se basear na composição das músicas com Gaga. Sua parceria com ela produziria sons sintéticos futuristas e agressivos que há muito eram populares no cenário de dança europeu, mas desde os anos 1980 não viam o sucesso nas paradas da América.

"Adoro a música dos anos 1980", disse RedOne à *Pop & Hiss*. "É tudo sobre emoções, e os refrãos nos elevam. Se você voltar três anos e olhar os sucessos, eles todos têm as mesmas coisas. Têm um verso, um pré-refrão e um refrão – um refrão que é dinâmico e nos eleva. Você precisa fazer as pessoas enlouquecerem quando chega ao refrão. Isso é muito importante em toda canção com Gaga."

Gaga era muito grata ao produtor marroquino por lhe dar uma chance em seu início: "RedOne é como o coração e a alma do meu universo", disse ao *About.com*. "Eu o conheci e ele abraçou totalmente, cento e cinquenta por cento, meu talento, e por isso precisamos trabalhar juntos. Ele foi um pioneiro da Haus of Gaga, e sua influência sobre mim tem sido enorme. Eu realmente não teria conseguido nada sem ele."

O presidente da Cherrytree Records, Martin Kierszenbaum, também escreveu um pouco com Gaga em *The Fame*, e ficou impressionado com sua ética no trabalho. "Ela é muito focada e muito rápida", disse em uma entrevista à *Billboard*. "Não gosta de ficar sentada perdendo tempo. Quando selecionamos o repertório para *The Fame*, ela cantou tudo em uma única sessão e passou cerca de cinco horas na harmonia."

Foi Martin Kierszenbaum quem apresentou Gaga a Space Cowboy. Os três trabalharam com Tramar Dillard – mais conhecido por seu nome artístico Flo Rida – na música "Starstruck".

O baixo pesado, os sintetizadores agudos e os duetos vocais em "Starstruck" foram todos contribuição de Space Cowboy, e Lady Gaga mais tarde comentou que a canção soaria como se ela e Space Cowboy tivessem tido um filho.

Gaga estava interessada em colaborar também com outros artistas, e o Reino Unido era um manancial de talentos nos quais regularmente buscava inspiração. O DJ e produtor escocês Calvin Harris, que chegou às paradas com sua música "Acceptable in the 80s", era alguém em quem Gaga pensava como um potencial parceiro criativo, mas embora lhe tenha escrito um *e-mail*, ele jamais respondeu.

Sem perder o ânimo, ela foi em frente com a gravação do álbum. É claro que ele não estava apenas cheio dos *bangers* dos clubes noturnos. Gaga queria que ele fosse a mostra de uma ideia – a ideia de possuir a fama interior e como qualquer um pode se sentir famoso. "Mas é uma fama compartilhável", explica. "Eu quero convidar todos para a festa. Quero que as pessoas se sintam parte deste estilo de vida."

Suas raízes italianas de Nova York também foram grande fonte de inspiração para o álbum. "Ele é quem eu sou", explicou. "É cultura, é família, é minha herança, é minha percepção da moda."

"Sou inspirada pela rua, mas também obcecada pela princesa do *gangster* de *Scarface* – que não é italiana, mas você sabe o que eu quero dizer –, os cassinos, a cafonice, isso realmente entra no conceito do meu álbum, *The Fame*, porque, para mim, os italianos e este tipo de cultura cafona são uma maneira de se autoproclamar a própria fama sem 8 milhões de dólares."

Sua decisão de transformar *The Fame* em um disco popular em vez de um disco completamente de dança foi também uma escolha deliberada. Ele teve origem em seus dias dançando no palco com Lady Starlight, quando decidiram subverter a ideia *underground* do *cool* tocando *pop*, um gênero que se tornou decididamente "não *cool*". Para Lady Gaga, o *pop* era o novo *underground*.

"Todos se despedem um pouquinho do *pop*, e nós realmente começamos reverenciando estas apresentações *indie* em ascensão, mas não acho que haja nada de errado com o principal rótulo da máquina da música", ela diz. "Eu me lembro de ficar em pé do lado de fora da *TRL* com *NSYNC e Britney escritos em todo o meu rosto e de chorar se pudesse ver a mão dela. Você sabe o que eu quero dizer? Você não pode imaginar. É intenso demais ser uma superfã."

Gaga seria indagada o tempo todo sobre como conseguia permanecer excitada e *underground*, mas ela não se considerava de modo algum *underground*, além do fato de ter vindo do *underground*. O que queria era reinventar a máquina *pop*.

Lembrava-se da explosão do Mickey Mouse Club que aconteceu em Nova York por volta de 1999 e 2000, quando estava em plena adolescência – Britney, *NSYNC, Backstreet Boys e Christina Aguilera. Ela se lembrava de que, se alguns daqueles artistas estavam em Nova York, as ruas em torno do Times Square eram fechadas e ficavam apinhadas de fãs.

"Desde então, perdemos o desejo de comer o artista, e isto é algo que quero trazer de volta, mas de uma maneira *cool*", explicou ao *San Francisco Bay Times*.

Seus dias de *go go girl* com Lady Starlight e de festas cinco noites por semana em Nova York também foram a inspiração para as faixas de pista de dança no álbum. Embora ela estivesse em Los Angeles, que era famosa por suas festas de celebridades e estilo de vida, ironicamente este não era o tipo de fama sobre o qual Gaga estava escrevendo.Sua inspiração vinha do cenário *underground* de Nova York, com seus desajustados com pretensões artísticas, seus desempregados e seus bares miseráveis.

"Imagino que se possa chamá-los de miseráveis porque cheiram a urina, e lá há muita bebida e drogas", disse para *The Grind*. "Mas eles eram como a minha casa. Eu dançava *go go* e fazia música, e o álbum é realmente influenciado por meu estilo de vida. Escrevo sobre coisas que conheço – dinheiro, pornografia, sexo."

Mas quando decidiu fazer um disco *pop*, também queria algumas canções que viessem de um lugar mais inocente. Martin Kierszenbaum trabalhou com Gaga no doce "Eh eh (Nothing else I can say)", influenciado pelo *ska-pop* (e também nas faixas "I like it rough" e "The fame"). "Eh eh" era uma canção *pop* simples de Gaga, que falava sobre encontrar alguém novo e romper com seu antigo namorado, enquanto "Brown eyes", que escreveu com Bob Fusari, era a canção mais vulnerável do álbum.

Em geral, no entanto, o tema que perpassava todo o álbum era sexo, sexo e mais sexo, um tema com o qual as audiências e a mídia norte-americanas podem às vezes ter dificuldade.

"Nós, americanos, somos muito duros com as mulheres de sexualidade forte", explicou à revista australiana *The Age*. "Mas é assim que realmente sou e o modo como me sinto à vontade. Provavelmente sou a única cantora *pop* do planeta cuja gravadora preferia que moderasse. Você nunca me ouve dizer 'Give it to me, baby'. Digo isso de uma maneira diferente."

Ela fez exatamente isso com a música "LoveGame", cantando "I wanna take a ride on your disco stick".

"É outra das minhas metáforas muito pensadas para um pênis!", disse ao *The Age*. "Eu estava em um clube noturno e tive uma colisão muito sexual com alguém, e então lhe disse: 'I wanna ride on your disco stick'. No dia seguinte, eu estava no estúdio e escrevi a canção em cerca de cinco minutos."

Na opinião de Gaga, toda música é inspirada no sexo, e então, por que não torná-lo um tema constante em seu álbum? "É a urgência e o instinto primal, e a necessidade insaciável de orgasmo e procriação. Não é para isso que todos estamos aqui? O amor e o sexo são a única razão para se fazer arte."

Decidir que música colocar no disco e quais deixar de fora requereu algum tempo de Gaga, mas ela certamente tinha uma maneira única de decidir. "Compor um disco é como ter um encontro com vários homens ao mesmo tempo", disse mais tarde.

"Você os leva aos mesmos restaurantes para ver se eles cumprem as exigências e, a certa altura, decide de qual você gosta mais. Quando você compõe música, escreve ou cria, realmente tem que fazer um sexo alucinante, irresponsável e sem preservativo com qualquer ideia sobre a qual esteja escrevendo no momento."

No total, Gaga passou dois anos e meio trabalhando em *The Fame*. Durante esse tempo, cresceu e amadureceu de muitas maneiras – na composição de suas canções, em suas apresentações, em seu estilo e também como pessoa. Em *The Fame*, criou um *magnum opus* – uma estreia que atiraria pela janela as regras do *pop* e exigir que todos se levantassem e dançassem com roupas íntimas brilhantes.

O álbum continha canções escritas em vários estilos diferentes, abrangendo muitos gêneros. Não obedecia a nenhuma convenção e, como a própria Gaga, celebrava a diversidade, com alguns *bangers* eletrônicos da dança de pista, uma ópera-rock com sete minutos de duração e alguns *shunshine ska*. Era uma obra-prima musical moderna, que aperfeiçoava a arte do *pop* e finalmente explodiria na consciência da música popular exigindo que todos se sentassem e prestassem atenção.

Ela não podia ter ficado mais feliz com o resultado do álbum. *The Fame* era o reflexo da transição da sua abastada vida da zona elegante de Nova York com seus pais para os bairros voláteis do centro da cidade, East Village e Lower East Side. O álbum era sobre tudo o que ela tinha aprendido na sua jornada – todas as suas experiências com rapazes, dinheiro, sexo, drogas, bebida, moda, festas e diversão.

"Ele é cem por cento uma mistura do meu amor pelo *glamour* dos anos 1970, pelos sons sintetizados dos anos 1980, pela febre dos clubes de dança, discotecas, e muitas das minhas melodias têm uma real qualidade dos Beatles, o *glamour*, a vulgaridade e o rock'n'roll da década de 50... Penso sobre tudo quando estou compondo, mas sou constantemente influenciada por coisas diferentes. Sou como uma esponjinha."

Mas sua maneira insolente e aberta de falar sobre alguns tabus, como sexo e drogas, não funciona bem com todo mundo, como ela logo descobriria. Gaga pode ter se tornado um sucesso de gravação, mas convencer a pudica mídia norte-americana se provaria muito mais difícil do que ela imaginava.

Capítulo Onze
Convencendo o público

Embora você possa pensar que fazer uma música ótima era a parte difícil, está errado. Embora tivesse gravado alguns sucessos fantásticos, Lady Gaga estava prestes a descobrir que romper as barreiras colocadas pelas emissoras de rádio e pelos programas de TV norte-americanos seria quase impossível.

A mídia predominante estava tendo muita dificuldade para entender qual era a sua intenção. Ela não se parecia com mais ninguém da época. Podia ser baixinha e loira platinada, mas usava enormes cílios postiços que eram tão pesados que ela mal podia abrir seus olhos. E raramente era vista usando algo em suas pernas – Gaga raramente se desviava da sua política de não usar calças compridas, mesmo no inverno gelado de Nova York.

"Sempre adorei o *rock*, o *pop* e o teatro", explicou ao mundo em seu *website*. "Quando descobri os Queen e David Bowie, realmente as coisas se juntaram para mim e entendi que eu poderia fazer todos os três." Ela também citou Peggy Bundy e Donatella Versace como sendo seus ícones da moda.

"Encaro esses artistas como ícones na arte. Não se trata apenas da sua música, mas da performance, da atitude, do visual – é tudo. E isso é o que vivo como artista e o que quero realizar."

Tendo exposto sua posição para o mundo, só restava uma coisa: conseguir que o mundo a escutasse.

Não seria fácil, mas esta era a garota obstinada de Nova York que nunca aceitou um não como resposta e que jamais aceitaria o fracasso como uma opção. Gaga estava acostumada a trabalhar duro, e faria o que fosse necessário para difundir sua palavra. Trabalharia arduamente, com energia e persistência febris.

Decidiu que queria fazer três curtas de arte – os quais ela chamou de *crevettes* (que significa camarões em francês) – que exibiria em suas apresentações no palco. Criou o personagem Cindy Warhol – uma versão feminina de seu herói Andy Warhol – e fez um filme de três partes chamado *Who shot Candy Warhol* (Quem matou Candy Warhol). A primeira parte era intitulada *Pop ate my heart* (O *pop* devorou meu coração); a segunda, *Pop ate my brain* (O *pop* devorou meu cérebro); e a terceira, *Pop ate my face* (O *pop* devorou meu rosto).

"Os camarões são pequenos, mas decadentes e gostosos, que é como acho que devem ser meus filmes", disse Gaga ao *Guardian* sobre *Who shot Candy Warhol*. Sempre insistente em seu controle criativo sobre tudo que é possível, decidiu produzir ela própria seus *crevettes*, desejando que tivessem uma sofisticação e obscuridade que contrastasse com seu show de palco energético e alto-astral.

A gravadora de Gaga decidiu programar "Just dance" como seu primeiro lançamento *single* na América do Norte para 8 de abril, mas ainda havia muito trabalho a ser feito. Por mais ocupada que fosse, acredite ou não, Gaga ainda encontrava tempo para escrever canções para outros artistas.

Com Akon, compôs várias canções para o próximo álbum das Pussycat Dolls, e também para o álbum solo da sua cantora principal, Doll Nicole.

Na verdade, ela estava tão envolvida com o projeto que, quando os agentes das Pussycat Dolls ouviram o material de Gaga e viram sua apresentação ao vivo, souberam que ela seria o ato de abertura perfeito para a turnê de 2009, World Domination.

Embora ainda faltasse quase um ano para a turnê, Gaga ficou eufórica com a oportunidade. Sabia que as Dolls tinham uma enorme base de fãs, e com suas raízes burlescas as duas apresentações seriam uma composição perfeita. E quando escrevia canções para elas, sentia-se como se já estivessem trabalhando juntas. Corriam alguns rumores de que as Pussycat Dolls queriam que Gaga fosse mais do que apenas um show de abertura; algumas fontes relataram que elas queriam que Gaga se juntasse ao grupo!

Entretanto, segundo o Showbiz Spy, ela declinou, dizendo que estava buscando uma carreira solo: "Na época, eu estava escrevendo músicas para elas", explicou Gaga, "mas tinha minha própria energia e meu próprio estilo".

Outro grupo que estava no radar de Gaga para um trabalho conjunto era o recém-reformado New Kids on the Block, que tinha assinado um contrato com a Interscope para seu novo álbum e turnê. A gravadora de Gaga a sondou sobre a possibilidade de trabalhar com os rapazes, e Gaga simplesmente não pôde recusar.

Em vez de escrever uma canção para os New Kids, Gaga na verdade foi para o estúdio para compor com eles. Considerando que eles eram uma banda que ela venerara quando adolescente, foi uma experiência incrível estar em um estúdio com eles.

"Eu os adoro. Simplesmente os adoro tanto, que na verdade não consigo falar sobre isso", disse mais tarde entusiasmada ao *San Francisco Bay Times*. "Quando os conheci, quase tive um ataque cardíaco. Foi realmente incrível. Donnie ficou encantado com o meu trabalho e meu estilo de compor, e adorou minha energia. Tem sido uma experiência realmente incrível."

"Sou realmente uma garota *pop*. Não tenho medo da palavra. Esforço-me para fazer benfeito, de uma maneira semelhante à que Andy Warhol fazia a arte *pop* que ele queria – e é considerada hoje belas-artes. Ele queria ser levado a sério por fazer um trabalho comercial. É isso que quero fazer. Adoro trabalhar com apresentações *pop*. Adoro escrever música *pop*. É completamente a minha praia. Dedico-me totalmente a conceituar sem parar, dia após dia, novas maneiras de tornar o *pop* inovador e novo, e não algo malvisto."

Quando estava escrevendo sua parte em "Big girl now", Gaga se juntou ao seu amigo RedOne para ajudar Donnie a compor a faixa "Full service" do álbum *The block* dos New Kids, que estava programado para ser lançado em setembro.

Ela adorou trabalhar com os New Kids, especialmente com Donnie, que ela já adorava quando adolescente, e os New Kids também adoraram Gaga. Eles reconheciam seu talento como compositora e adoraram sua música. Não demoraram muito para convidá-la a sair com eles em turnê no fim do ano, como um dos números de abertura do show ao vivo. Já tinham escolhido Natasha Bedingfield e Colby O'Donis como números de abertura para parte da turnê, assim como Tami Chynn, para quem Gaga havia escrito canções com Akon.

A turnê vendeu tudo, e seria a primeira experiência de Gaga com palcos e locais que abrigavam até 25 mil pessoas. Ela estava extasiada.

Seu primeiro show com os New Kids estava marcado para 8 de outubro, em Los Angeles, e foram alguns meses agitados fazendo shows e promovendo seu próprio álbum antes de ela pôr os pés no palco.

Para celebrar seu trabalho árduo com os New Kids e um novo início em Los Angeles, Gaga decidiu fazer uma nova tatuagem. Ela já tinha feito algumas em Nova York quando era menor de idade, usando uma identidade falsa. Tinha uma margarida branca em seu ombro e um sinal de paz em seu pulso, que fez como uma homenagem a um de seus artistas favoritos, John Lennon.

"Se você olha, a vê na posição incorreta", explicou Gaga em uma entrevista em 2009. "Mas quando eu a vejo ela está na posição certa – para mim, isto foi inspirado por John Lennon. Cresci a duas quadras de distância do memorial Imagine, a um quarteirão de onde John Lennon foi assassinado, e sou uma fã incondicional dos Beatles e de John Lennon; portanto, quero dar uma oportunidade à paz."

A razão pela qual mandou tatuar em seu corpo o símbolo da paz foi um lembrete a si mesma de que, embora escrevesse música divertida sobre lantejoulas, calcinhas, fama e dinheiro, sempre teria em mente as coisas importantes da vida.

Para fazer sua nova tatuagem, Gaga só confiava em uma mulher em Los Angeles: a lendária Kat Von D. Há muito tempo era uma grande fã do trabalho de Kat, especialmente das bizarras *pin-ups* pelas quais ficara famosa. Kat, que vinha sendo tatuada desde que tinha 14 anos, encontrara a fama no programa de TV *Miami Ink*, e quando a filmagem terminou e ela voltou para Los Angeles, foi-lhe oferecido um programa baseado no de Miami sobre seu próprio salão de tatuagens: *LA Ink*.

Kat levou Gaga para os fundos, ao ar livre, para fazer sua tatuagem, e sob o sol de Los Angeles fez um desenho de rosas e videiras com algumas notas musicais, e a colocou na parte inferior esquerda das costas de Gaga. Enquanto a tatuava, Kat lhe perguntou sobre a história de suas outras tatuagens.

"Quando fiz minha primeira tatuagem, [minha família] quase teve um ataque cardíaco", ela disse, rindo. "Quando fiz a segunda, me senti mal porque não ia lhes dizer que a faria, e somos realmente próximos. Cheguei em casa, comecei a chorar e disse: 'Eu adorei'. E minha mãe falou para mim: 'O que há de errado com você, tatuando o corpo?'"

Gaga não podia ter ficado mais feliz com sua tatuagem. Era elegante e refinada, e ficou justamente do jeito que queria. Com sua nova arte no corpo, Gaga, Haus of Gaga e todos os seus chefes na gravadora começaram a se preparar para promover suas músicas, começando com o primeiro *single*, "Just dance".

Gaga, que incorporava elementos visuais em todas as canções que escrevia, tinha uma ideia de como queria o vídeo "Just dance". Sempre perfeccionista, queria o controle criativo absoluto sobre o vídeo, mas, embora a Interscope a apoiasse, e considerando que ainda não havia vendido nenhum disco, não estava ainda disposta a lhe dar o controle total.

Em vez disso, contrataram a diretora Melina Matsoukas, formada pela Universidade de Nova York, que dirigira vídeos de música para pesos pesados da indústria, como Beyoncé ("Green light"), Snoop Dogg ("Sensual seduction") e Kylie Minogue ("Im my arms"). Felizmente para Gaga, Melina foi simpática à sua figura e criou um vídeo estilizado e divertido que Gaga adorou e que foi, em sua maior parte, exatamente o que ela havia imaginado.

Fiel às suas raízes *do it yourself**, a própria Gaga fez o sutiã que usa no vídeo. O vídeo também apresenta aparições breves de suas dançarinas Dina e Pepper, que junto com ela entram no início; Space Cowboy está nas plataformas giratórias, chacoalhando uma gravata feita de bolinhas espelhadas e luvas cintilantes; um Akon de terno branco está sentado no sofá e Colby O'Donis estava no *set* para filmar seus versos.

Gaga realmente queria que o vídeo fosse uma festa – uma festa da qual todos no mundo quisessem participar. Também queria fundir os dois mundos dos quais vinha: o das jovens educadas e bem tratadas, e o mundo menos saudável do centro da cidade, dos jovens do Lower East Side, que viviam para a música e o momento.

* Do it yourself – Faça você mesmo. (N. T.)

"Juntei os dois mundos neste vídeo", disse Gaga em *Behind the scenes – 'Just dance'*. "Estou prestes a irromper em lágrimas, porque estou muito excitada e muito devastada – é realmente incrível. O vídeo é um visual dos últimos vinte e dois anos da minha vida. Todas as ideias e coisas com as quais me importei até agora estão na sala, e as estamos filmando, colocando batom nelas."

Gaga ficou louca de alegria com a filmagem do vídeo. Finalmente, depois de viver quase sem dinheiro durante tanto tempo e só conseguir fazer as coisas com um orçamento mínimo, ela tinha diante de si o dinheiro da gravadora. "Foi tão divertido, foi fantástico", disse entusiasmada ao *About.com*. "Era como estar em um *set* de Martin Scorcese. Vivi tanto tempo com pouco dinheiro que fazer este vídeo incrivelmente fantástico foi realmente algo maravilhoso."

Embora o conceito do vídeo – uma festa caseira no Brooklyn – fosse totalmente de diversão e participação, no *set* não era tudo divertido. Para Gaga, este foi apenas o primeiro passo em sua busca para conquistar o mundo – não havia tempo para ficar por ali se divertindo. Para ela, ele tinha de ser no mínimo perfeito.

Por isso, tudo nele foi escolhido a dedo: as roupas, o *spaghetti*, os blocos de gelo, as bolas de discoteca de um tamanho estratégico, a piscina para crianças, a baleia inflável, os convidados da festa – até as unhas de Gaga cobertas de renda – suas "fishnetnails", como as chamava.

"Posso até parecer um pouquinho uma diva", diz sobre sua atuação no vídeo. Fico concentrada em meu espaço de trabalho, me preocupando com os trajes e se os extras parecem bem e com sua colocação. Não me limito simplesmente a aparecer para as coisas, sabe? Esse vídeo era uma visão minha. Era Melina, a diretora, que queria fazer algo, dar-lhe um aspecto de arte performática, o que era muito *pop*, mas ainda assim comercial, mas que parecesse um estilo de vida. Ele foi todas essas coisas. Adoro ele."

No entanto, todos ainda encontravam tempo para dar algumas risadas no *set*. O importante de estar na festa era que deveria ser muito teatral e exagerada, mas o desempenho de Gaga com a orca (a baleia assassina) inflável em uma piscina de criança fez as pessoas rirem desenfreadamente.

"Durante o dia todo, se você pudesse ter gravado o que ela [Melina] me dizia enquanto eu estava fazendo a minha performance", riu Gaga mais tarde enquanto falava a uma emissora de rádio australiana. "Ela dizia: 'Não, Gaga... Pare de transar com a baleia, Gaga... Levante-se do chão...'. Mas às vezes simplesmente entro nisso mentalmente, como se estivesse num estado de loucura!"

Quando chegou o momento de editar o vídeo, Gaga conseguiu convencer a gravadora a deixá-la ficar sentada ao lado de Melina enquanto ela trabalhava. "Eu o vi mais de 500 vezes... Melina é um gênio", disse Gaga sobre suas experiências no *set*.

"Melina é de Nova York, e trabalhar com ela foi uma das maiores experiências criativas que já tive. Minha visão do vídeo era 'uma festa caseira no Brooklyn', mas com todo o sentimento, *glamour* e vulgaridade de um baile ou festa *trash* no centro da cidade, com um toque da minha cafonice italiana e do meu fascínio pelos temas dos filmes de gângster. Tendo Melina como diretora, senti-me como se ela tivesse estado comigo (talvez dentro da minha bolsa) durante os últimos quatro anos, me seguindo durante o trabalho pesado da música na cidade de Nova York. Suas intuições e atenção aos detalhes eram incríveis", disse Gaga sobre a diretora do vídeo.

Na preparação para o lançamento de "Just dance" como *single*, Gaga decidiu fazer um show altamente divulgado para conseguir que se começasse a falar sobre ela. Para a rotina do palco, teve a ajuda da famosa coreógrafa Laurie-Ann Gibson, que trabalhou com artistas como Brandy e Michael Jackson, e também fez a coreografia de vários filmes.

Gaga conheceu Laurie-Ann quando ainda estava em Nova York. Em uma entrevista ao *Neon Limelight*, Laurie-Ann recorda que as duas estavam se esforçando para organizar as coisas quando Gaga ainda estava começando.

"Estávamos no Lower East Side sem fazer nada, nós mesmas procurando coisas para as roupas... e ela confiou muito em mim e no meu talento. Passei muito tempo com Puffy e Danity Kane e muitos outros artistas, e eles têm medo do que a indústria da música vá pensar ou do que a gravadora vai dizer. Gaga não se importava. Ela dizia, 'Você tem que fazer isto! Você tem que experimentar isto!'. E foi justamente esta confiança que produziu um ótimo trabalho, e ela é uma grande compositora."

E então, tendo ensaiado alguns movimentos ousados com Lauri-Ann, Gaga, Space Cowboy e as dançarinas Dina e Pepper voaram para Miami para se apresentar na Winter Music Conference.

Capítulo Doze

Tentando invadir a América

Para colocar as rodas em movimento, Gaga voou para se apresentar em Miami, na Winter Music Conference, evento anual de música e dança realizado naquela cidade. Um fim de semana festivo de clubes noturnos, DJs, bebida e outros prazeres das festas, este era um lugar onde Gaga podia realmente se sentir em casa.

Com as dançarinas Dina e Pepper, ela se apresentou à luz do sol na cobertura do hotel Raleigh em um dia patrocinado por Armani Exchange. Usando botas pretas de cano curto, coxas nuas e um *collant* com um cinto de corrente frouxo em torno da cintura, Gaga caminhava pelo terraço com seu cabelo – agora em um verdadeiro loiro platinado – balançando em torno dos ombros.

A pequena multidão – em sua maioria jornalistas –, de início, não soube o que pensar. Mas a energia divertida da dança *pop* do seu grupo logo os conquistou. Ela ganhou os corações de mais fãs de Miami naquela noite quando levou Dina e Pepper para se apresentarem no Nervous Party at Score, um bar gay local.

O clube pequeno, porém cheio de energia, estava abarrotado de gays. Gaga usava suas botas pretas de cano curto, calcinha sensual, uma gravata coberta de minúsculas peças espelhadas e um sutiã prateado, enquanto Dina e Pepper usavam botas pretas até os joelhos e *collants* também pretos. O desempenho energético de Gaga surpreendeu a audiência. "Ela estava totalmente louca!", disse um dos presentes na multidão.

Como o show era no dia 27 de março – a véspera do seu vigésimo segundo aniversário –, Gaga foi presenteada com um bolo de aniversário na forma de uma bola de espelhos com vinte e duas velas espetadas. Ela soprou as velas e passou a noite celebrando o sucesso do seu dia em Miami.

A semana seguinte ao seu triunfo em Miami estava programada para o lançamento de "Just dance" nos Estados Unidos, mas Gaga, seus agentes Troy Carter, Leah Landon e Akon estavam todos achando difícil promover o disco. A maioria das emissoras de rádio norte-americanas não queria tocá-lo por causa do conteúdo da letra da canção, mas Gaga achou que era mais do que isso – era também por causa da inovação musical em "Just dance".

"Eles diziam: 'Isto é picante demais, voltado demais para a dança, muito *underground*. Não é comercializável'", ela declarou ao *Independent* sobre as tentativas de fazer com que a canção fosse tocada no rádio. "E eu dizia: 'Meu nome é Lady Gaga, estou há anos no cenário musical e estou lhes dizendo, é isto o que vem agora'."

Ela provaria que estava certa, mesmo que, para isso, tivesse de lutar.

"Quero dizer que não soa como 'I kissed a girl", de Katy Perry", continuou falando ao *Guardian*. "Este é um belo, adorável e impressionante sucesso, e soa como um sucesso de rádio. Minha canção não soa assim... No Reino Unido poderia, porque lá o *electro-pop* não é esta coisa *underground* hedionda, é um gênero real, mas na América o *electro-pop* é uma música *underground* hedionda."

"Just dance" foi lançada em 8 de abril de 2008 na América, mas não chegou às paradas. Gaga só conseguia pensar em uma maneira de sua mensagem musical atingir as pessoas: participar do máximo de shows que pudesse e construir desse modo uma base de fãs.

Gaga tornou-se cada vez mais excitada com as oportunidades que apareciam diante de si e fantasiava chegar ao alto das paradas. "Estou infinitamente obcecada com mais projetos para neles afundar meus dentes", escreveu em seu *blog*. "Compor para outros artistas, desenhar novas roupas e acessórios Lady Gaga, assistir a DVDs de Bowie e Devo para conseguir ideias para o meu show."

Além de tudo isto, ainda compunha canções. Gaga e Space Cowboy eram uma parceria criativa fantástica. Trabalhavam juntos para criar todos os *remix* para os shows ao vivo de Gaga, e estavam sempre colaborando em novas canções, em particular em uma música festiva obscena que eles produziriam para os fãs no Natal de 2008, chamada "Christmas tree".

Além de planejar seu futuro, durante todo o mês de maio Gaga se apresentava quase todas as noites em shows, em geral em clubes gays, com o apoio de Dina e Pepper. Se não conseguia ser tocada no rádio, estava determinada a se tornar conhecida nos clubes. Ela se apresentou em Los Angeles, Hollywood; em seis shows em sua querida Nova York; fez uma turnê pela Flórida, e depois quatro shows em San Francisco.

Sofreu um golpe quando voltou a Nova York. Sua turnê era uma minipromoção em clubes gays, que atingia os clubes Pink Elephant, Tenjune e Mansion. Quando se apresentou no show Campus no Splash, aborreceu-se; preferia estar comemorando com os amigos.

"Queria estar usando ecstasy, suando minha calcinha no meio da multidão", disse mais tarde à revista *HX*. "Quando me apresento em clubes gays, é como estar me apresentando para meus amigos:

eles captam e entendem o que estou tentando dizer, e têm uma mente muito aberta sobre arte, música *pop* e música comercial."

O grupo com o qual fazia suas turnês era denominado, de forma enigmática, Haus of Gaga, uma referência à escola de arte alemã que combinava arte e trabalhos manuais em seus projetos: a Bauhaus. E a sua Haus estava começando a crescer. Além de Space Cowboy, Dina e Pepper, o diretor Dada – nome real, Matthew Williams – estava à mão para a direção artística dos seus shows e para atuar como crítico dos shows ao vivo, incluindo a escolha das roupas.

Dada era um ex-namorado de Gaga, mas ela o preferiu como um de seus principais colaboradores ao invés de parceiro sexual. "Dada é brilhante, e éramos amantes enlouquecidos, mas terminei nossa relação quando descobri a forte conexão criativa que nos uníamos", ela disse a *The Sunday Times*. "Não queria que aquilo se tornasse um amor negligente."

A Haus foi moldada na Factory original de Andy Warhol, seu estúdio de Nova York entre 1962 e 1968, embora Warhol tenha chamado todos os seus estúdios subsequentes de The Factory. Apesar de o prédio ter sido destruído, a ideia de The Factory foi uma fonte de grande inspiração para Gaga.

Era um ponto de encontro para tipos artísticos desempregados, livre pensadores, *drag queens*, músicos, usuários de drogas e colaboradores de Warhol, e também famoso por suas festas. Era seu espírito criativo livre que Gaga queria recriar com sua Haus.

Gaga sempre se sentiu próxima das comunidades alternativas, particularmente do cenário gay, e seu amor por eles estava refletido em sua primeira aparição na TV, amplamente difundida, que foi no NewNowNext Awards, em 7 de junho de 2008. O show de premiação foi patrocinado pelo canal de TV a cabo americano Logo, assistido por telespectadores lésbicas, gays, bissexuais e transgêneres.

Além de apoiar a comunidade LGBT na entrega do prêmio, Gaga encontrou-se com uma de suas heroínas de todos os tempos,

Cyndi Lauper. De pé nos bastidores, Gaga viu Cyndi passando. Para sua surpresa, Cyndi caminhou diretamente para ela e a olhou de cima a baixo, dizendo: "Você parece ótima, garota. Não faça prisioneiros!".

Gaga mal conseguia respirar. Ela tinha cantado com a orquestra "Girls Just Wanna Have Fun" quando garota, e o estilo de moda de Cyndi sempre lhe fora uma fonte de inspiração. Não conseguia acreditar que um dos ídolos da sua infância estivesse realmente falando com ela.

Inspirada pelo encontro casual, Gaga foi para o palco e apresentou-se de maneira intensa cantando "Just dance", o número de encerramento do show. Foi um grande sucesso.

O show também uniu Gaga a outro grande talento que a ajudaria a criar alguns trajes fabulosos. O astro Christian Siriano, do *Project Runway*, estava andando pelos bastidores e os dois se entenderam imediatamente. Ele adorava seu estilo musical teatral e cafona e a apelidou de "Tranny Gaga".* Ela prometeu manter contato com ele, pois tinha muitas ideias sobre roupas que queria que ele a ajudasse a fazer.

Mais tarde, em junho, deu uma de suas primeiras grandes entrevistas para o *About.com*, que lhe perguntou sobre o uso da palavra "retrossexual". Gaga respondeu: "Sou totalmente obcecada com todas as coisas retrô, os anos 1970 e 1980. Não sei, essa palavra simplesmente saiu da minha boca certo dia, e ficou associada a mim. Faço isso com frequência – se invento termos, eles se tornam uma espécie de página central de todo o meu projeto ou de todo um disco."

About.com também lhe perguntou como estava reduzindo a distância entre a música dançante e o *hip-hop*, visto ter sido contratada da Kon Live de Akon, que é um rótulo urbano. "Eu na verdade não me consideraria uma artista da dança", respondeu Gaga. "Acho

* Travesti Gaga. (N. T.)

que estou reduzindo a distância de algumas maneiras diferentes, e isso principalmente de um ponto de vista conceitual da música, misturando as batidas da dança retrô com melodias mais urbanas, e obviamente com um refrão *pop*. Na verdade, de uma maneira muito metódica, é quase como escolher exatamente que pedaços do que quero ter no disco, e então observar o que acontece, com os dedos cruzados."

No final de junho de 2008, o primeiro de uma série semanal de diários em vídeo (denominada *Transmission Gagavision*) foi exibido em seu *website*. O primeiro deles era uma introdução a Lady Gaga, e a apresentava em um táxi em San Francisco conversando com Space Cowboy. Também mostrava a primeira aparição de Gaga na *Entertainment Weekly*, em uma página de fofocas onde ela tinha sido notada por seu vestuário estranho (um *collant* e óculos escuros redondos).

Também presente nos vídeos da *Transmission Gagavision* estava a dançarina Dina, mas não Pepper – há muito dançarina de apoio de Gaga. O séquito de Gaga tinha estado em San Francisco para apresentar shows para as celebrações anuais da cidade do Orgulho Gay, e constava que Lady Gaga tivesse dito que, como Pepper se recusara a se apresentar em um dos shows, foi demitida.

A comunidade gay era muito importante para Gaga. Ela reconhecia que suas canções e performances eram muito "bichas", e só tinha tido boas experiências se apresentando em clubes gays.

"Eu tinha vários amigos gays e sempre fui a muitos clubes frequentados por eles", disse à MTV. "A dança na comunidade gay é esta subcultura de celebração de alegria e diversão. Extraí grande parte da minha inspiração dessa comunidade, de uma maneira quase subconsciente, mas tão profundamente que ela agora está arraigada em mim. É tão alegre..."

"Às vezes digo que, enquanto for gay – tanto em relação à mistura de certos elementos no vídeo quanto à própria roupa –, é bom."

Na verdade, Gaga apoiava tanto a comunidade gay que foi escolhida para apresentar o ato de encerramento do show do Orgulho

Gay de 2008 de San Francisco, no dia 29 de junho de 2008. Antes de entrar no palco, sentou-se em um estande próximo do palco principal, assinando autógrafos a centenas de fãs reunidos ali para vê-la sob um sol ardente. Vestida com um macacão de látex branco – um visual conservador em comparação com seu usual uniforme, o tradicional *collant* e meias rendadas, Gaga reservou um tempo durante sua apresentação para falar à multidão. "Obrigada, Califórnia, por legalizar o casamento gay", ela disse. "Já era tempo!"

"Nunca quis ser este tipo de artista", ela disse ao *GayWired.com* sobre seu relacionamento com a comunidade gay. "Mas foi o que me tornei, e acho que foi simplesmente um resultado do meu estilo de vida... sabe... estar sempre junto de gays, transgêneres ou travestis masculinos e femininos. Você é um produto do seu ambiente e, mesmo sem perceber, a música e o show começaram a falar a essa comunidade. E eles foram sempre tão abertos e receptivos, que eu simplesmente retribuí todo esse amor."

Gaga sempre procurava apresentar seus shows em clubes gays porque achava este público muito receptivo. "Acho que isso acontece porque eles sabem que meu show surgiu daquela comunidade e foi inspirada por ela. Ela é grande parte do que sou... o teatro, o drama, o show *drag*, tornaram-se uma paixão para mim."

Quando o *San Francisco Bay Times* perguntou por que ela achava que seu show atraía tanto o público de lésbicas, gays, bissexuais e transgêneres, Gaga teve de pensar por um momento. "Eles o entendem um pouco mais", respondeu. "Às vezes, em clubes heterossexuais, as garotas me olham de um jeito, como se dissessem: 'Que diabos é você aí de calcinha?' Mas no minuto em que entro nos clubes gays, por qualquer razão que seja, a comunidade enxerga os conceitos. Enxerga as referências. Posso vê-los dizendo: 'Olhe, aquela é a ombreira da Madonna!' ou 'Aquilo é isso ou aquilo'. E eu simplesmente adoro."

As aspirações de Gaga estavam voltadas a tornar suas apresentações ao vivo cada vez maiores e mais grandiosas. No momento, suas performances se sustentavam em seu desempenho e no de seus dançarinos com Coco, uma aliada de longo tempo que substituiu Pepper, e seu único apoio era um bastão de dança. Ele lhe era entregue quando Gaga estava no palco e ela costumava ligá-lo quando dançava segurando-o. Agora ela queria mais tecnologia em seus shows; era só nisso que conseguia pensar.

Gaga achou hilário quando os jornalistas, intrigados por seu apoio no palco, lhe pediram que falasse sobre o bastão de dança. Tudo o que Gaga conseguiu pensar foi nos outros acessórios e apoios que traria para suas apresentações ao vivo no futuro. Naquele momento, entretanto, mais uma vez restringida por uma ausência de recursos, ela tinha apenas de ativar estas performances, tentar conseguir que suas canções fossem tocadas no rádio e tentar vender discos. E, então, todo o dinheiro que ganhasse poderia ser aplicado em seus shows ao vivo.

Foi convidada a apresentar um show ao vivo para Perez Hilton, o famoso *blogger* de celebridades, que estava organizando uma festa do Independence Day em Las Vegas. O show, realizado no famoso clube noturno Privé, angariou-lhe montanhas de novos fãs, tanto entre o público quanto nos bastidores. Perez Hilton adorou sua performance energética em seu show no palco e imediatamente a protegeu. Ele – e seu *blog* – lealmente apoiaria Gaga daí em diante, determinado a conseguir para ela a cobertura e publicidade que achava que merecia.

Uma publicidade fez com que Lady Gaga ficasse conhecida em todo o mundo: ela apareceu no 57º Miss Universe Pageant em 14 de julho de 2008, realizado no Vietnã e apresentado por Jerry Springer e a Spice Girl Mel B, que apresentou Gaga como uma superestrela internacional.

Ladeada por suas duas dançarinas, que estavam vestidas de preto com brilhantes sapatos amarelos, Gaga usava um *catsuit* de látex preto e saltos altíssimos, sua marca registrada. Ela apresentou uma performance alucinante de "Just dance", fazendo todas as virginais rainhas da beleza em seus maiôs parecerem absolutamente comuns e tediosas. Se a multidão não sabia quem ela era antes, certamente ficou sabendo a que vinha.

No dia seguinte, o número de fãs na página de Gaga do MySpace aumentou centenas de vezes. Ela definitivamente impressionara e, com o show transmitido para centenas de países do mundo todo, conseguiu atingir uma audiência internacional.

Esta audiência incluiu o *designer* de moda alemão Michael Michalsky, que já tinha ouvido falar da nova-iorquina na internet e era fã ardoroso de "Paparazzi". Ele a convidou para seu show, o Michalsky Fashion Show, na Uferhallen Mercedes-Benz Fashion Week, em Berlim. Reconhecendo seu imenso talento e senso de estilo, o *designer* a convidou para caminhar pelo tapete vermelho antes do show, e a se sentar na primeira fila – a maior honra que pode ser concedida a qualquer convidado em um show de moda.

Usando um vestido de fitas amarelas, um *blazer* vermelho com ombreiras pontudas e um capuz folgado, Gaga era relativamente desconhecida na Europa na época, o que levou um *blogger* a dizer que "ela parece uma figura chocante, comum e despropositada no tapete vermelho, mas não vejo nenhum mamilo exposto".

No entanto, naquele show Gaga teria um de seus encontros mais bizarros com os *paparazzi*. Quando saiu da limusine, houve uma corrida de cerca de trinta fotógrafos de revistas de moda do mundo todo, vociferando para conseguir tirar fotos dela e perguntando: "Bella, bella, quem é você?".

Ela respondeu que seu nome era Lady Gaga. Eles começaram a gritar seu nome e a lhe pedir para virar e posar para eles.

Eles sequer sabem quem eu sou, pensou Gaga. Acham que deveriam saber quem eu sou, mas não sabem. "Se ela é famosa e eu não a conheço, então dizem: 'Oh, sim, eu vi Lady Gaga'", disse mais tarde em uma entrevista à *Blogcritics*. "Realmente não fico contrariada pensando em como tudo isso é ardiloso", acrescentou.

"É muito ardiloso, mas não para mim. É uma forma de arte. Se Andy Warhol fez isso, eu também posso fazer."

Suas ideias a respeito da fama – e sobre o que queria conseguir com o lançamento do seu álbum – também estavam se tornando mais claras.

Em outro vídeo da *Transmission Gagavision*, a dançarina Dina disse a Gaga: "Acho que você é uma força a ser avaliada, e qualquer um que entre em contato com você não pode evitar ficar enfeitiçado. Você é como um manipulador de marionetes. É uma influência. Sinto que estou trabalhando com uma artista que está me moldando. O que você espera do *The Fame*?".

"Espero que ele faça isso!", respondeu Gaga. "Quero que as pessoas descubram por si mesmas uma percepção de confiança e fama internas, que não tem nada a ver com ser famoso. Nós não somos famosas, mas sentimos 'a fama'."

Independente de qualquer fama interna que sentisse, Gaga estava começando a ser mais notada pelo público americano. E uma entrevista que ela daria para a revista gay *HX* garantiria que esta fama estava prestes a atingir outro nível.

Capítulo Treze
Controvérsia

No número de agosto da revista gay *HX* Gaga admitiu que voltaria para assombrá-la.

"Você é realmente tão louca por rapazes como sugerem suas letras?", perguntou a jornalista da revista.

"Sim. Bem, também sou louca por garotas", respondeu Gaga. "Na verdade, depende de onde estou. Adoro homens, adoro mulheres e adoro sexo, mas atualmente estou muito introvertida pelo fato de estar extremamente envolvida com o meu trabalho, o que torna difícil deixar qualquer um se aproximar. As pessoas esgotam nossa energia, e é muito difícil encontrar aquelas que apoiem sua arte e não queiram roubar o tempo dela. Muitas vezes, namorados ou namoradas ficam ciumentos e querem toda a atenção, e eu realmente não tenho tempo para isso."

A *HX* continuou com uma pergunta extremamente provocativa: "Você se considera bissexual?".

"Claro", disse Gaga. "Ou seja, eu, na verdade, não acho que exista uma orientação sexual única. As pessoas nascem como elas são."

À sua maneira típica e impetuosa, Gaga falara abertamente sobre o uso de drogas no início da entrevista, e agora estava dizendo que era bissexual. Embora sair do armário esteja sendo mais do que nunca aceito pela cultura predominante americana, ainda há uma parcela da população extremamente conservadora, que ainda considera esse tipo de atitude imoral.

Mais que isso, a mídia atacou os comentários levianos de Gaga sobre sua sexualidade como sendo uma tentativa de pegar carona no exagero que estava envolvendo outra artista que irrompera no cenário artístico no início daquele ano: Katy Perry. Sua controvertida música "I kissed a girl" tinha sido lançada em maio, tornando-se um incrível sucesso global e atingindo o primeiro lugar nas paradas em vinte países, mas atraindo críticas da mídia, tanto da mídia gay quanto da heterossexual. A vocalista americana de *indie rock* da banda *The Gossip* Beth Ditto disse à revista *Attitude* que achava a canção de Perry um hino às *boner dyke*, "garotas heterossexuais que gostam de provocar os rapazes se comportando como falsas gays".

"Odeio Katy Perry!", disse Ditto. "Ela é ofensiva à cultura gay. Sinto-me muito ofendida. Está apenas se aproveitando da nossa cultura, sem ter de pagar nenhum dos tributos nem ser realmente lésbica. E está na capa de uma merda de uma revista gay."

Embora Gaga não tivesse sido levada a dizer nada negativo sobre Katy Perry, que conhecia e de quem gostava, ficou preocupada que a mídia achasse que ela só fizera seus comentários para pegar uma fatia da publicidade de Katy, e parou de falar sobre este assunto nas entrevistas que dava. "Isso na verdade é uma coisa sobre a qual não quero mais falar", disse quando foi entrevistada pela revista *Fab*. "Estou um pouco desapontada com tudo isso. Não gosto de ser vista como alguém que está usando a comunidade gay para parecer desafiar as normas sociais. Sou uma mulher de vida sexual livre e gosto do que sou. Não quero que as pessoas escrevam isso sobre mim porque pode parecer que estou dizendo isso tentando ser desafiadora ou *underground*."

Mas a entrevista também serviu para que Gaga conseguisse o apoio de algumas pessoas, incluindo seu novo amigo Perez Hilton, que pôs um *link* em seu *blog* dizendo: "Bem-vinda ao reino dos gays!". Perez – e outros que conheciam a história de Gaga e sua antiga admiração pela comunidade gay – sabia que os comentários dela não eram de modo algum um golpe publicitário.

Agosto foi um mês de perturbações e controvérsia. No dia 9, em uma apresentação em Nova York para a emissora de rádio Party 105, Gaga atingiu com o microfone, acidentalmente, quando estava no palco, a boca da dançarina Dina. Em segundos havia sangue jorrando por todos os lados, e Dina teve de sair correndo do palco direto para uma ambulância disponível no local.

Neste episódio, a pobre Dina perdeu três dentes. No entanto, ela insistiu em aparecer na apresentação seguinte nos estúdios da MTV em Nova York, para um dos últimos episódios gravados de *Total Request Live*, o mesmo programa em que Gaga foi quando era ainda uma adolescente, gritando loucamente por Britney Spears.

Também estavam presentes no programa Jonas Brothers e *o rapper* TI. Vestindo um capuz vermelho sobre seu *collant* também vermelho, meia-calça branca rendada, saltos altos e óculos pretos, cada centímetro de Gaga deixava transparecer uma superestrela, embora seu senso de estilo tenha dado o que falar depois do programa.

Trabalhando duro para promover *The Fame*, que tinha seu lançamento marcado nos Estados Unidos para 28 de outubro de 2008, Gaga aproveitou para falar com o máximo de apresentadores e jornalistas possível. Ela não teve problema para chamar a atenção: com seu *collant* vermelho e a regra de "não usar calças compridas", era o material perfeito para as notícias.

Sem nunca perder o ânimo, prosseguiu com sua louca programação, como já vinha fazendo havia muito tempo. Melina Matsoukas tinha feito um trabalho tão bom no *clip* de "Just dance" –, e Gaga sentira que Melina era simpática ao seu visual extravagante – que a Interscope a chamou novamente para trabalhar com a Haus of Gaga no videoclipe de "Beautiful, dirty, rich".

No fim, foram lançadas duas versões do *clip*: uma oficial e outra editada com *clips* do programa de TV *Dirty Sexy Money*, esta última versão criada especialmente para promover a série.

O *clip* apresentava Gaga e um séquito em uma mansão, brincando com maços de dinheiro. Havia tomadas em que Gaga acendia cédulas enroladas como se fossem charutos. Suas dançarinas Dina e Coco também aparecem no *clip*, assim como Space Cowboy.

Dirty Sexy Money não foi o único programa que usou a música de Gaga para se promover. "Paparazzi" foi exibido em *Gossip Girl* – um dos programas favoritos de Gaga, que o descreve como "muito divertido" – e *The Hills*. Na verdade, Gaga estava começando a se acostumar a ouvir suas canções ao fundo quando assistia a programas de TV. "Acontece o tempo todo", disse à revista *iProng*.

"Telefono para a gravadora e digo: 'Meu Deus, não sabia que a canção estava nesse programa'. Houve tantas autorizações recentemente que nem sequer tomei conhecimento de todas", prosseguiu.

"Mas isso fez com que me sentisse ótima, porque indica que o meu objetivo, que é difundir ideias sobre a cultura *pop*, está realmente sendo alcançado, pois todos esses programas são tão emblemáticos da televisão moderna, do cinema moderno e dos shows de clube modernos que é como se eles todos estivessem sendo atraídos para a minha música, porque suponho que ela está indo em direção a algo que é muito atual."

Não surpreende que Gaga estivesse ouvindo seus discos em locais dos quais nunca ouvira falar; sua gravadora tinha conseguido colocar suas canções em vinte e cinco programas de TV e filmes antes mesmo do lançamento de *The Fame*.

Jody Gerson, que conseguiu um contrato de publicidade de Gaga com a Sony/ATV, disse que não foi difícil colocar as músicas nos programas. "As redes e os supervisores simplesmente a adoravam." No verão de 2009, as canções de *The Fame* seriam colocadas em programas e filmes para TV mais de 100 vezes (a canção mais solicitada era "Just dance", seguida de "Poker face" e, depois, "The fame").

As emissoras de rádio ainda podiam estar resistentes em tocar seus discos, mas Gaga estava atingindo seu público por meio de programas de TV. "Just dance" finalmente começou a aparecer nas paradas, em parte por causa das fantásticas apresentações de Gaga ao vivo.

A música era um sucesso nos clubes noturnos da América, atingindo o segundo lugar nos gráficos do Hot Dance Airplay e do Hot Dance Club Play. Mas ainda estava tendo dificuldade em alcançar o sucesso na esfera comercial, e tanto ela quanto a gravadora perceberam que não estavam conseguindo o apoio total da mídia norte-americana.

Mas não havia tempo para lágrimas. A programação agitada de Gaga marcara para breve o lançamento de outro *single* promocional – "Beautiful, dirty, rich" –, seguido pelo segundo *single* do álbum, "Poker face".

Não querendo deixar que Gaga assumisse novamente o controle total da filmagem do *clip*, a gravadora trouxe o diretor de videoclipe norueguês Ray Kay para dirigir "Poker face". Ray Kay já fizera então vários trabalhos, como "Inconsolable" dos Backstreet Boys, "Freakum dress" de Beyoncé e "Say I" de Christina Milian.

A *Young Hollywood* visitou Gaga no *set* de filmagem e gravou a entrevista enquanto ela se preparava para filmar. Talvez consciente da idade precoce do público da *Young Hollywood*, Gaga foi mais moderada em sua explicação da canção – disse que era sobre estar com seu namorado, mas ao mesmo tempo fantasiar sobre estar com uma mulher –, ou talvez ainda estivesse receosa de ser acusada de "querer pegar carona" na fama de "bissexual" de Katy Perry. Qualquer que tenha sido a razão de seu comedimento, ela resolveu dar ao entrevistador outra interpretação para a canção.

"A canção é sobre a maneira como as garotas atraem os rapazes", disse, "e como elas têm que manter sua expressão impassível nesse momento (*face poker*), porque no minuto em que os deixarem saber o quanto gostam deles, eles sairão correndo."

Gaga usou alguns figurinos incríveis para o *clip*, e o seu favorito, o traje inteiriço de *neoprene* preto, que, segundo Gaga, ela própria confeccionou.

O videoclipe a mostrava com suas dançarinas e Space Cowboy jogando *strip pok*er em volta de uma mesa. Quando alguma garota perdia, tirava as roupas; mas o sutiã de Gaga tinha um cadeado do lado, que tinha de ser aberto antes que ela pudesse removê-lo. Este sutiã, estilo cinto de castidade, foi outra invenção de Gaga, produzido pela Haus of Gaga especialmente para o *clip*.

Quem prestar atenção ao *clip* pode perceber diversas alusões ao pôquer nos inúmeros detalhes, incluindo os fabulosos cílios postiços de Gaga com apliques em forma de naipe de ouro, que ela conseguiu no exclusivo Tokyo Lash Bar de Londres, e suas fantásticas unhas postiças sugerindo fichas de pôquer.

Gaga ficou encantada com o resultado desse trabalho. Como acontecia com todos os seus *clips*, ela tinha imaginado exatamente como ficaria, e o diretor norueguês Ray Kay a ajudou a concretizar sua visão. Gaga tinha enviado um esboço de como queria que fosse o traje azul que ela usa enquanto dança ao lado da piscina, e o resultado foi um eletrizante maiô azul com recortes laterais.

Você pode achar que as muitas mudanças de roupas de Gaga e sua atenção para os detalhes foram o maior problema da filmagem, mas na verdade, dois grandes cães dinamarqueses que aparecem no vídeo é que foram. Segundo o *MTV News*, não importava quantas vezes eles tentassem filmar a cena de abertura, no momento em que Gaga emergia da piscina, os cães se levantavam e começavam a se movimentar.

"Esses cães simplesmente não ficavam sentados e quietos, como queríamos", disse Kay. "Havia dois treinadores de cada lado da cena tentando manter os cães na posição em que deveriam ficar, mas eles continuavam se levantando ou, então, olhando na direção errada... Na verdade, nunca conseguimos a tomada 'em câmera' como aparece no vídeo. Tivemos que combinar diferentes tomadas dos cães para conseguir aquela que aparece no vídeo."

O lançamento de *The Fame* seria feito em diferentes países, primeiro em agosto de 2008 no Canadá e depois em setembro na Austrália; nos Estados Unidos e na Itália seria em dezembro, e, finalmente, no Reino Unido, no início de 2009.

Com todas as faixas prontas, mixadas e masterizadas, o álbum foi finalizado. Gaga decidiu que todas as faixas seguissem esta ordem para a versão-padrão, lançada no Canadá, na Austrália e em alguns países europeus: "Just dance", "LoveGame", "Paparazzi", "Beautiful, dirty, rich", "Eh eh (Nothing else I can say)", "Poker face", "The fame", "Money honey", "Again again", "Boys boys boys", "Brown eyes", "Summerboy", "I like it rough".

Gaga demorou algum tempo para decidir como seria seus agradecimentos no encarte do álbum. Havia muitas pessoas que queria agradecer – todos aqueles que tinham ajudado seu sonho a se tornar realidade. Em particular, queria agradecer a Vincent Herbert, presidente da Streamline Records, que desde o início reconhecera seu potencial como artista.

Gaga também incluiu um poema para sua tia Joanne, a irmã artista de seu pai que morrera aos 19 anos. "Sempre senti uma conexão muito forte com ela", disse ao *Wild 94.9* em San Francisco. "Por alguma razão, acho que tenho dois corações, e de algum modo minha vida e esta música pretendem terminar o resto da vida que ela não conseguiu viver. Por isso, para mim, minha motivação é preencher o destino de Joanne."

Depois de decidir a ordem das faixas e os agradecimentos para o álbum, e com o *clip* de "Poker face" já editado e praticamente pronto para ser distribuído, Gaga podia voltar a se concentrar no domínio das paradas – o que não estava conseguindo na América.

No entanto, em outros países do mundo, os fãs estavam enlouquecidos por Gaga, em particular no Canadá, onde "Just dance" atingiu o primeiro lugar nas paradas e o recém-lançado álbum *The Fame* era o primeiro nas paradas dos *downloads* digitais. Quando soube disso, ela irrompeu em lágrimas de felicidade.

Gaga, as dançarinas Dina e Coco e Spacey Cowboy nas batidas como pano de fundo, todos assumiram o palco no Dragonfly Nightclub em Niagara Falls no Canadá em êxtase com o sucesso do disco naquele país. Foi realmente uma noite de celebração e a oportunidade para Gaga agradecer aos seus fãs canadenses.

As turnês de Gaga eram cansativas, mas, mesmo com toda a correria das apresentações, em Las Vegas ela conseguiu realizar uma conexão e se apresentar no palco com seu amigo Akon. No calor ardente de Las Vegas, Gaga apresentou-se para uma multidão de fãs suados no clube Rehab para promover seu álbum *The Fame*. Embora estivesse vestindo apenas um *collant* preto, capuz, luvas vermelhas e rendas, o típico estilo Gaga, ainda assim estava incrivelmente quente. Quando estava chegando ao fim do seu número, acenou para Akon, que estava de pé ao lado do palco. Sussurrou ao seu ouvido enquanto Dina e Coco continuavam a dançar ao som de Space Cowboy. Akon colocou seu braço em torno de Gaga, ergueu-a e, para o encantamento de todos, atirou-a no meio da multidão.

Ela surfava sobre os fãs, adorando o fato de estar no meio do público durante parte de sua apresentação. Akon ficou no palco rindo, batendo palmas e a estimulando.

Muitos *blogs* de música mais tarde apresentaram fotos de Gaga surfando sobre a multidão de fãs, e a maioria mencionou que esta não era a primeira vez que Akon atirava alguém no meio do público. Em um de seus shows em 2007, Akon estava se apresentando no palco quando alguém do público supostamente atirou algo nele. Ele pediu à audiência que apontasse o culpado. Um de seus guardas de segurança tirou um garoto de 15 anos do meio do público e o levou ao palco. Então Akon pegou o garoto e o atirou para a multidão. O garoto caiu sobre outro garoto do público, que sofreu uma séria concussão. Todo este incidente terminou com Akon sendo levado aos tribunais. Ele se declarou culpado, mas em vez de ir para a prisão, foi sentenciado a 65 horas de serviço comunitário e uma multa de 350 dólares.

Felizmente, em Las Vegas não aconteceu uma tragédia; apenas uma multidão repleta de fãs de Lady Gaga enchendo os olhos enquanto seu ícone *pop* surfava sobre suas cabeças.

Achando que Gaga parecia estar se divertindo, Akon também decidiu surfar sobre a multidão. O público ficou enlouquecido, espremendo garrafas de água no ar tentando se refrescar do calor do verão.

Logo depois do show, Akon e Gaga foram entrevistados juntos. Sabendo que sua presença atrairia mais atenção para Gaga e sua música, Akon foi com ela a inúmeras emissoras de rádio e shows, tentando divulgá-la. Ele sabia que Gaga precisava apenas de um pequeno empurrão para que as pessoas percebessem o quanto ela era talentosa.

Ao comparecer ao programa matutino *B96*, os apresentadores perguntaram a Akon que conselho havia dado à sua protegida. Ele pensou durante um segundo. Então disse: “Nenhum”, e depois de uma pausa brincou: “Fique longe das drogas”. Todos no estúdio riram. Akon continuou: “Ela é bastante inteligente. Já percebeu isso. Está se apresentando há tanto tempo que já se acostumou. Depois de todo o seu treinamento, de todas as suas experiências e de toda a sua persistência, agora ela está pronta para vender seu trabalho”.

A fé de Akon em Gaga era total. Seus shows estavam cada vez melhores, ele sabia que o sucesso dos discos não ficaria atrás. Gaga estava começando a ser reconhecida como uma estrela – e não apenas nos Estados Unidos.

Capítulo Quatorze
Agenda frenética

Em toda parte do mundo os fãs estavam começando a se apaixonar pela garota nova-iorquina. E não poderia ser diferente na Suécia, onde foi convidada a encabeçar o festival de música NRJ realizado em agosto em Estocolmo.

Um público de 50 mil pessoas saudou Gaga quando ela entrou no palco. E ela não estava ali abrindo um show para alguém ou apresentando um número de apoio ou um encaixe promocional. Ver milhares de pessoas cantando com ela suas canções quase a fez chorar no palco.

Setembro de 2008 foi um mês realmente internacional para a cantora. Sempre acompanhada das dançarinas Dina e Coco, e também de Space Cowboy, visitou no dia 6 de setembro a Holanda, onde se apresentou no festival Valtifest, em Amsterdã. Para participar do festival, o público tinha de ir vestido de cores fluorescentes, o que, para Gaga, pareceu fantástico.

No dia seguinte, no outro lado do mundo, centenas de artistas iniciantes e de pesos pesados estavam se preparando para um dos principais eventos do ano: The MTV Video Music Awards, realizado nos estúdios da Paramount em Hollywood. No ônibus, o grupo de Gaga juntou-se em torno do *laptop* de Space Cowboy para assistir ao show. Tiveram um choque quando viram Christina Aguilera entrar no palco para cantar "Genie in a bottle" e "Keeps gettin' better". Vestida em um macacão de látex negro, com uma máscara negra nos olhos, munhequeiras de metal e longos cabelos loiros, à primeira vista ela apresentava uma excepcional semelhança com Gaga.

Os *blogs* de música ficaram enlouquecidos depois do show, com fãs furiosos acusando Christina de imitar o estilo de Gaga – "Keeps gettin' better", com sua produção mais eletrônica e frenética, parecia assustadoramente com "Just dance" –, além de a acusarem de falhar na sincronização dos lábios com o som e errar os passos de dança.

Fãs furiosos de Xtina* retaliaram Gaga em seus próprios *blogs* e fóruns no *website* de Christina, declarando que era Gaga quem estava copiando o estilo de Xtina.

Diplomática, Gaga não quis fazer nenhum inimigo ou se envolver em algum tipo de guerra na imprensa para se tornar notícia. Quando se tratava de moda e estilo, ela sempre criou suas próprias roupas e adereços e, além disso, era fã de Christina desde que lançara "Genie in a bottle", em 1999. Gaga tinha um enorme respeito pela ex-estrela do Mickey Mouse Club.

Louca para abafar o que estava sendo dito nos *blogs*, Gaga falou em uma entrevista à revista *Blender*. "Muitas pessoas estão dizendo que ela está copiando o meu estilo com sua nova canção. Acho que tem alguma semelhança, mas não diria que está me copiando. Este tipo de música está se tornando mais popular e não a culpo por

---

* Christina Aguilera. (N. T.)

querer fazê-la e apresentá-la. Sua performance foi ótima, e 'Keeps gettin' better' é uma música incrível."

Esperando ter conseguido aplacar os ânimos, Gaga e sua trupe continuaram a programação internacional, dirigindo-se ao Reino Unido, onde deveria se apresentar em dois shows em Londres. O primeiro era em uma noite gay OMO no London Astoria, onde astros como Patrick Wolf e Craig Template foram identificados na plateia, acompanhando as batidas de Gaga. Alguns dias mais tarde, apresentou-se na London Fashion Week Party, da revista *SuperSuper*, no clube de elite Punk, no Soho.

Gaga adorava Londres. Space Cowboy aproveitou a oportunidade para apresentá-la a alguns locais quentes do *underground* da cidade, e ela se certificou de que teria tempo para dar uma olhada na excêntrica moda de rua em Camden e Portobello Road, inspirando-se onde quer que fosse e esperando poder usar algo interessante que visse para a importante turnê que planejava para 2009.

Assim como em Amsterdã e no Reino Unido, Gaga também encontrou tempo para fazer dois shows em Paris e Marselha, na França. Determinada a conseguir alguma inspiração de estilo, visitou alguns museus enquanto visitava a Europa, onde se deparou com uma roupa que já tinha visto em 2007. Ela a impressionara na época e, vendo-a agora, teve a mesma sensação intensa. A roupa era de bolhas, com centenas de esferas de plástico infláveis amarradas em uma estrutura de bandagens. Tirou uma foto da peça com seu telefone celular e a mandou para Dada, que já tinha voltado a Los Angeles. Ela queria tentar fazer algo parecido para usar no futuro.

Embora Gaga adorasse mais do que tudo passar algumas horas vagando por museus, não tinha muito tempo para isso. Logo ela e seu grupo estariam voando para a Austrália para os últimos shows de sua miniturnê, antes de voltar a Los Angeles para começar a viagem com os New Kids on the Block.

O voo para a Austrália foi particularmente difícil, fazendo-a ficar vinte e seis horas no ar. E como se não fosse o bastante, ainda houve um problema com outro avião em um dos voos. No começo a viagem tinha sido bem tranquila, mas em certo ponto o comandante acionou o sinal para "afivelar os cintos", momento em que Gaga soube que havia algo de errado. "Senhoras e senhores, por favor retornem aos seus lugares", anunciou-se. "Não há motivo para pânico. Estaremos aterrissando em cinco minutos. Por favor, apertem seus cintos."

Gaga afivelou com força seu cinto e se agarrou aos braços da poltrona. "Foram os cinco minutos mais longos da minha vida", confessou mais tarde. "A velocidade da descida foi super-rápida. Foi muito louco. Eu não chorei até chegarmos ao solo. Fiquei agarrada ali, conversando com Jesus, e então atingimos o solo, e eu desmoronei."

Ela fez um show rápido em Sidney, e conseguiu muita publicidade lá, mas sentia que um início conturbado em sua viagem poderia ser um mau presságio.

Estava acertado que ela se apresentaria ao vivo no programa *Sunrise* da TV australiana, mas na manhã do show sentia-se realmente doente. Apareceu para se apresentar mesmo quase sem voz e, por isso, concordou com os engenheiros de som em mixar sua voz com a música de fundo, pois continuava querendo se apresentar ao vivo. A apresentadora do show, Mel Doyle, parecia constrangida ao notar que Gaga estava dublando, e a apresentação levou a cantora a ser severamente criticada em vários *blogs* de música e na imprensa local.

Depois do que tinha ocorrido no programa australiano, nem mesmo uma fantástica apresentação em Melbourne na noite seguinte – em que a fila para vê-la chegou a atingir 50 metros na rua, fora da casa noturna Inflation – conseguiu animá-la.

Tentando explicar o que acontecera, Gaga escreveu para um *blog* no *website* do *Sunrise*: "Eu estava doente no dia do show, mas me apresentei cantando ao vivo cem por cento. Nunca fiz dublagem, nem jamais farei. Mesmo no meu pior dia, jamais farei".

"Estava me sentindo muito doente naquele dia", recordou mais tarde quando indagada sobre o incidente por um jornalista dinamarquês.

"Estava fazendo dois shows por dia durante um mês e meio. Perdi a voz e continuava cantando, então fizemos uma mixagem muito baixa da música. Não acho que tenha ficado ótimo, mas a emissora não tinha que fazer todo esse estardalhaço a respeito disso. Se você fosse apenas uma pessoa comum, poderia ter escutado e percebido que eu estava cantando. Não preciso fazer dublagem. Eu consigo cantar. Faço uma música que tem uma retaguarda eletrônica muito pesada e gosto de ter a gravação ali. Gosto que o som soe como o disco. Para ser totalmente honesta, o que as outras pessoas pensam sobre as minhas decisões criativas não me importa tanto."

Seja como for, a única coisa que Gaga não queria era ser subestimada como *performer*, ou que escrevessem sobre ela como se fosse apenas uma compositora *pop*. Ela era uma coisa real, e não queria que falassem sobre ela como se fosse uma imitadora ou alguém que não tivesse realmente escrito suas faixas musicais. Por isso resolveu enfatizar, em todas as entrevistas, que ela própria escrevia suas músicas e que estava ativamente envolvida em todo o processo criativo de seus videoclipes e aparições na TV. "Eu realmente dou importân cia a tudo o que faço", resumiu ao *About.com*.

No entanto, permanecia o fato de que sua música era considerada por muitos muito eletrônica. Nos shows ao vivo, muitos *performers* não conseguiam usar o *autotuning* ao vivo para corrigir as notas – a parte ruim disso é que a voz da pessoa que cantava parecia digitalmente aumentada. Paris Hilton fez uso dessa tecnologia em todo um álbum.

Apesar de Gaga ter cordas vocais para desafiar as de Mariah Carey em uma competição de canto, a maioria das faixas de seu álbum foi processada propositalmente para proporcionar esse som eletrônico, particularmente "Just dance" e "Poker face". Então, já era de esperar que a mídia achasse que ela não tinha voz suficiente para cantar.

"Não se trata da minha voz", explicou Gaga à *Telegraph*. "O rádio é usado para determinado padrão, e ele, de certa maneira, comprime a voz. Reduz todos os sons secundários para que pareçam menores, mas mais encorpados; não é aberto, mas muito condensado. A menos que você seja Duffy,* em que este é um registro extremamente orgânico, é importante jogar com a psicologia do ouvinte, que está acostumado a certa qualidade de som na voz, a ouvir certa qualidade cênica na voz. Se as pessoas não a escutam, não é moderno", ela acrescentou.

Mas Gaga não precisava ter se preocupado. Seus fãs – que faziam fila no quarteirão em Melbourne e Sidney para ver sua apresentação – sabiam que ela podia cantar e estavam boquiabertos com sua performance. Isto se refletiu nas vendas de discos na Austrália: seu álbum estreou na parada australiana no 12º lugar, e "Just dance" acabava de atingir o 1º lugar! Seu *single* também estava em primeiro lugar na lista do iTunes, em terceiro no *download* dos toques de celular e em primeiro lugar na contagem dos 20 Weekend Top.

Conversando ao telefone com membros da Haus of Gaga em Nova York, ela se preparou para voltar aos Estados Unidos e começar uma turnê com os New Kids. Também havia novidade na América. "Beautiful, dirty, rich" e "Poker face" foram lançados como *e-singles* e estavam subindo na parada da *Billboard*, embora nenhum dos dois tivesse conseguido a disparada imediata que ela sabia eram capazes de atingir.

Ela esperava que a turnê com os New Kids on the Block disparasse sua popularidade, mas na verdade não tinha ideia de como seria essa experiência.

---

* Nome como é conhecida a cantora de soul galesa Aimee Duffy, que se tornou famosa com o lançamento do *single* "Mercy", que atingiu a primeira posição em mais de doze países. (N. T.)

Capítulo Quinze
Viajando com os New Kids on the Block

Chegando a Los Angeles de sua decepcionante viagem à Austrália, Gaga consultou imediatamente a Haus of Gaga. Ela sabia que tinha de disparar sua carreira e provar seu valor junto ao público – e junto à mídia – ao se apresentar na turnê dos New Kids.

Quando estavam preparando a turnê, os New Kids apresentaram a Gaga e seus agentes o orçamento para sua apresentação de abertura.

"Eu o examinei, e depois apresentei o que queria: toda a tecnologia, todas as coisas que queria fazer, toda a moda que queria apresentar no show, e isso estava muito além do orçamento", disse Gaga a um jornalista na Austrália.

"Eles disseram: 'Gaga, como você vai pagar por isso?'. Então eu e meu agente lhes mostramos a programação da minha turnê, em que toda noite após cada show do New Kids eu me apresentaria em um clube noturno da cidade para pagar por todo o excedente da turnê, e não ia gastar um tostão."

Embora este parecesse um conceito louco para o jornalista – pois a maioria dos astros *pops*, em geral, não se preocupava com dinheiro –, Gaga tentou se explicar. "Para mim, não significa nada ganhar dinheiro se o show não for um total orgasmo no palco, porque vivo para isso. Para mim, é isso o que importa."

Trabalhando com a Haus of Gaga, que incluía a coreógrafa Laurie-Ann Gibson, Gaga decidiu mudar sua apresentação no palco. A dupla trabalhou junto para coreografar uma performance louca que seria sempre lembrada – mas infelizmente isso significaria alterar a formação de duas garotas, Dina e Coco, para quatro rapazes atraentes, com os quais ela dançaria e que poderiam erguer Gaga, adicionando outra dimensão à dança. Trouxe ainda três gigantescas telas de LCD para o palco e, com seus amigos da Haus of Gaga, criou novos trajes. Estava determinada a tornar seu show algo que o público jamais se esqueceria.

Os New Kids já tinham iniciado sua turnê quando Gaga se juntou a ela, com as duas primeiras datas no Air Canada Centre em Toronto, no Canadá. O show de abertura, como todos os outros da turnê, estava totalmente vendido, e os rapazes tinham uma sensação *pop* britânica, Natasha Bedingfield, fazendo a abertura para eles.

Gaga se uniu aos New Kids, a Natasha e ao resto do grupo em Los Angeles em 8 de outubro. Embora fosse apenas abrir o show, sabia que havia uma chance de angariar centenas, talvez milhares de novos fãs.

Teve a chance de dar uma olhada rápida no imenso local onde tudo aconteceria. A turnê fora tão bem-sucedida nas datas anteriores em que os rapazes se apresentaram, que os *stands* de produtos promocionais – chaveiros, medalhões, colares e *bottons* – estavam quase vazios.

Gaga não conseguia acreditar no que estava vivendo. Ela se lembrava de ter usado uma camiseta escrita "I love Donnie" com tanto orgulho quando garota, e aqui estava ela, prestes a abrir o show para uma das bandas favoritas da sua infância.

Seu show de abertura estava longe de ser muito curto, e ela o apresentou com suas dançarinas e Space Cowboy para apoiá-la. O local não estava cheio – como era muito cedo, havia apenas cerca de 7 mil pessoas ali –, mas Gaga estava determinada a fazer o seu melhor, de modo que, quando saísse do palco, todos se lembrariam dela.

Abriu sua apresentação com "Beautiful, dirty, rich", saindo detrás das telas de LCD que mostravam um *clip* dela com óculos escuros e batom laranja brilhante. Em todo o show, Gaga apresentou novos movimentos de dança que incluíam ser levantada por seus dançarinos e montar em um deles como se ele fosse um cavalo, sempre cantando ao vivo enquanto saltava e girava um dos braços no ar.

Usou seu famoso bastão de dança para fechar a apresentação com "Just dance", saltando para fora do palco sob aplausos e gritos.

Embora tenha ficado satisfeita com sua performance, queria ver outros profissionais nos bastidores; por isso correu para o fundo do palco para assistir a Natasha Bedingfield entreter o público com canções como "Piece of your heart", "These words (I love you, I love you)" e "Put your arms around me", terminando sua apresentação com sua música mais conhecida, "Unwritten", que é também a trilha sonora da série de TV *The Hills*.

Então chegou a hora dos New Kids. Antes de entrarem, uma tela gigantesca no fundo do palco foi ligada e apareceu uma pergunta: "Vocês estão prontos?". E uma plateia repleta de mulheres gritou em resposta: "SIM!".

Gaga não conseguia acreditar no que via. Era completamente insano. As mulheres estavam enlouquecendo – algumas choravam, outras berravam: "Oh my God! Oh my God!" repetidas vezes; e algumas pulavam. Centenas de telas minúsculas – de celulares ou câmeras fotográficas – estavam apontadas para o palco.

Os New Kids fizeram uma apresentação incrível. Gaga esqueceu-se de que estava ali como uma *performer* e se juntou à multidão que gritava, pulando e batendo palmas para Joey McIntyre, Donnie Wahlberg, Danny Wood e os irmãos Jordan e Jonathan Knight.

Embora tivesse tido uma camiseta de Donnie em sua juventude, Gaga agora não queria escolher um favorito entre os rapazes. "Adoro todos eles. São os rapazes mais maravilhosos do planeta. São tão legais, tão talentosos e tão motivados. Já se apresentam há quinze anos e continuam eletrizando esse palco como em 1986!", disse rindo. "Se tivessem trazido uma câmera com vocês, tudo o que veriam seriam sutiãs voando e garotas gritando."

Os New Kids apresentaram alguns de seus maiores sucessos, como "You got IT (The right stuff)", "Please don't go, girl" e "Baby, I believe in you". Também apresentaram sete canções de seu último álbum, que Gaga havia escrito para eles.

Foi uma noite incrível, e Gaga não conseguia acreditar em como tinha sorte de estar em turnê com aquele grupo enorme – e também com aqueles rapazes maravilhosos.

"Aprendi os truques do ofício com eles", disse mais tarde sobre sua época de turnê com os New Kids. "Eles me trataram com incrível bondade. Isso me ensinou que um bom coração pode existir até mesmo neste negócio."

Além de fazer a abertura para os New Kids, Gaga continuou a fazer shows sozinha, tentando conquistar o máximo de fãs que pudesse e levar seu nome ao alto das paradas.

Voltou a San Francisco para fazer uma miniturnê em alguns clubes gays, e ficou impressionada com o público que ia vê-la. Era um público muito diversificado – havia adolescentes heterossexuais, *drag queens* e gatinhas *hip-hop*. Ela tentava encontrar um elemento comum em seus fãs, mas simplesmente não conseguia.

Uma coisa que Gaga percebeu foi que sua música parecia unir os mais diferentes tipos de pessoas. Em uma entrevista à revista

BlackBook, um jornalista falou sobre isso e sobre o fato de que seu apelo atingia todas as raças, pois ela trabalhava com artistas R&B como Akon.

"É, isto é realmente verdade", concordou Gaga. "Ele supera os limites da raça em termos de público, e eu também supero os limites sexuais, com públicos heterossexuais e gays. É engraçado, eu só fiz um show em San Francisco e supunha se que aquela fosse uma noite gay em um clube gay, mas lá não havia apenas eles. Havia gays e heterossexuais, sabe, homens e mulheres. Havia negros, brancos e asiáticos; todos estavam ali em uma noite gay."

Também não eram apenas os clubes gays dos Estados Unidos que estavam sendo conquistados por Gaga. Em todo o mundo, as pessoas começaram a se sentar para observá-la. E, além da recente controvérsia sobre a performance de Christina Aguilera no VMAs,* outra imitação de celebridade estava prestes a acontecer.

Do outro lado do Atlântico, em Londres, a ex-Spice Girl Mel B, que introduzira Gaga ao mundo quando apresentou a cerimônia de Miss Universo naquele ano, apareceu no prêmio MOBO com uma vestimenta em um típico estilo Gaga. Era um vestido justo, dourado até o joelho, o que até aí não tem nada de mais. Mas o capuz folgado e o penteado torcido para cima definitivamente tinham a assinatura de Gaga. Os jornais e os críticos de moda do mundo todo perceberam isso, assim como o *blogger* de celebridades e amigo de Gaga Perez Hilton, que comentou o fato em seu *blog*. Ele tinha sido conquistado pela natureza doce de Gaga, por sua empatia pelo movimento *underground*, pelo mundo gay e por suas performances cheias de energia. Estava tão encantado por ela que passou imediatamente a apoiá-la, e em troca Gaga deu ao seu *website* a estreia mundial na internet de seu *clip* "Poker face", que atraiu milhares de visitas e centenas de comentários quando foi colocado

* Forma abreviada de Video Music Awards, premiação da MTV aos melhores videoclipes do ano. (N. T.)

no ar. Então, quando Perez estava planejando um show em Nova York, em 24 de outubro, sabia que a única pessoa que poderia ser sua principal convidada seria aquela garota nova-iorquina maravilhosamente inovadora.

Gaga ficou transtornada de tanta excitação. Perez Hilton tinha reservado The Highline Ballroom para o evento, One Night In New York City, parte do CMJ Music Marathon & Film Festival de 2008. Situado na 16th Street, The Highline Ballroom é uma lendária casa noturna de Nova York, onde Gaga assistira a apresentações de cantores quando adolescente. Mas aquela noite seria ela a estrela principal.

Antes do show, Perez entrevistou os artistas e conseguiu pegar Gaga para um bate-papo antes de entrar no palco. Mais uma vez, no entanto, a boca grande de Gaga estava prestes a lhe trazer problemas.

Quando ele lhe perguntou o que havia inspirado seu álbum, ela respondeu atrevidamente: "Cocaína!". Depois que Perez lhe disse que não promovia o uso de drogas, Gaga disfarçou e disse: "Um vestido de Thierry Mugler dos anos 1980. O que me inspira? Andy Warhol. Adoro Madonna, David Bowie, Sinead O'Connor. Poderia continuar citando nomes e mais nomes!".

Eles mudaram de assunto rapidamente, e Gaga começou a contar a Perez por que achava que estava na hora de a música *pop* decolar. "Sou particularmente arrogante com relação à música *pop*, e a acho fantástica. Não há nada mais poderoso do que uma canção que você possa apresentar no mundo todo, em qualquer época, e que todos se levantem e dancem."

No One Night in New York City os números de aquecimento estavam começando no palco. E incluíam Sharon Jones e os Dap-Kings, e Yo Majesty e os SemiPrecious Weapons. Os SPW eram, há muito tempo, parte do cenário da música de Nova York, assim como amigos de Lady Gaga e Lady Starlight desde seus dias de dançarinas *go go*.

O cantor Justin Tranter caminhava pelo palco chamando a audiência de "bitches", enquanto a multidão gritava pedindo seu *hard rock* divertido. Entre cada número, as *drag queens* presentes na plateia dançavam uma com a outra, se esfregando, flertando e puxando os seios e os cabelos falsos umas das outras.

Com seu grupo fiel de dançarinos, cada um com maquiagem negra em torno dos olhos imitando máscaras, Gaga entrou elegantemente no palco. Ela tinha um fã-clube extremamente dedicado em todo lugar que ia, mas em particular em sua cidade natal. Os fãs brigavam uns com os outros para conseguir chegar à frente do público, gritando tão alto que era quase impossível ouvir qualquer coisa no palco. Enquanto isso, Gaga apresentava seu número no palco e a audiência se extasiava.

O show entrou na história como um dos mais ruidosos e coloridos já realizados. Os *blogs* de música agitavam-se com narrativas de sua fantástica performance, embora sempre houvesse aqueles que a odiassem e tentassem desmerecer o sucesso de Gaga.

A crítica do *Brooklynvegan* trazia uma relação de comentários em que as pessoas lembravam os dias de Gaga no Lower East Side: "Alguém se lembra de quando Lady Gaga era uma garota chamada Stefanie e costumava tocar piano e cantar suas canções em The Bitter End?", postou alguém que se identificou como "Mike".

Um leitor que se identificou como "Brussel Sprout" respondeu: "Mike: Eu me lembro... Ela costumava andar o tempo todo no St. Jerome, na Rivington... Não consigo contar as vezes que topei com ela no banheiro. Ela não é nenhuma maravilha".

Outro leitor, que preferiu permanecer anônimo, juntou-se à discussão, dizendo: "Ela é gorda, e eu costumava vê-la o tempo todo na fossa no Jerome com seu namorado nojento, um garçom metaleiro com cabelo dos anos 1980 (Luke?)".

Sempre haveria aqueles que a amavam e aqueles que a odiavam, e Gaga não ligava para estes. Em sua opinião, sempre haveria pessoas que não a entendiam ou não entendiam aquilo que estava tentando alcançar – e não havia por que perder seu tempo com elas.

Em tudo e por tudo, o show de Perez foi um sucesso. Mas não houve tempo para celebrações, porque a turnê dos New Kids continuava. Os primeiros shows que Lady Gaga abriu para eles não lotaram, e quando a turnê passou por Sacramento, San Jose e Las Vegas, os locais continuavam apenas com meia casa quando Gaga entrava no palco.

Porém, o show da Madison Square Garden Arena, em 27 de outubro – de volta à sua cidade natal, a querida Nova York –, foi outro caso. Foi uma feliz coincidência que, no mesmo dia em que Gaga faria um show em sua cidade natal, *The Fame* tenha sido lançado nos Estados Unidos. E não era apenas um show qualquer – o Madison Square Garden é um dos maiores locais da cidade.

Nesse dia, aconteceu uma festa de lançamento do disco na Virgin Megastore, na Union Square. Centenas de fãs apareceram e fizeram fila em torno do quarteirão, desesperados para ver Gaga se apresentar na loja. Dentro da loja estava um caos total. Gaga tinha todo o seu aparato de palco com ela, incluindo quatro dançarinos e três enormes telas de LCD. Em todo show era a mesma coisa, quer se tratasse de um estádio gigantesco ou de uma apresentação em um local íntimo para poucos fãs.

Gaga esteve empolgada durante toda a apresentação, e estava tao excitada por estar ali que fez seu velho truque de surfar sobre o público – não uma, mas duas vezes! Ela subiu no gradil na lateral do palco e pulou sobre a multidão, conseguindo surfar de volta ao palco em dez segundos, graças a Deus sem machucar nenhum de seus fãs com seus altíssimos saltos.

De volta ao ônibus, ela mal teve tempo de tomar uma ducha, escovar os apliques do cabelo e engolir um *shake* de proteína antes de se dirigir ao Madison Square Garden para abrir o show para os New Kids. Estava extremamente excitada por se apresentar em um dos maiores locais de Nova York. Esse era o seu sonho desde criança, e ali estava ela, prestes a entrar no palco.

"Eu me apresentei em todos os clubes desta cidade achando que eram o Garden!", disse uma Gaga sem fôlego à multidão. "Lembrem-se de que nesta noite nasceu uma estrela!"

Depois de apresentar sua coreografia compacta para uma multidão aos gritos, Gaga terminou "LoveGame" e tirou sua saia de franjas para cantar "Paparazzi". Terminou a apresentação com a energética "Just dance", e então saiu correndo do palco meio em choque. Ela acabara de se apresentar no palco de um dos maiores locais de Nova York. Sua família e um grupo de amigos do Lower East Side tinham ido para assistir à performance e ficaram impressionados ao ver o maravilhoso desempenho de sua amada Gaga.

Apesar de dar tudo no palco, nos bastidores Gaga estava nervosa. *The Fame* tinha acabado de ser lançado na América. O disco já alcançara o primeiro lugar nas paradas no Canadá, e permanecia entre os quinze primeiros lugares desde o lançamento na Austrália, mas estava difícil conquistar a América. As emissoras de rádio e a mídia encaravam com desconfiança a audácia não convencional de Gaga – a maneira como não se importara com o que os outros pensavam dela e o fato de querer apenas fazer música e arte.

No fim, *The Fame* entrou nas paradas dos Estados Unidos no respeitável décimo sétimo lugar, e no quinto na parada dos álbuns do iTunes.

As críticas, no entanto, eram controvertidas. A *Slant Magazine* deu ao álbum três estrelas e meia, e fez alguns comentários desfavoráveis: "As letras de Gaga alternam entre o disparate vulgar ('I wanna take a ride on your disco stick') e a bobagem sem sentido ('Drive it, clean it Lysol, bleed it/Spend the last dough in your pocko!'), e suas performances vocais são no máximo irregulares, berrando palavrões em 'Beautiful, dirty, rich' e articulando com dificuldade e sem nenhuma aparência de *sex appeal* em 'LoveGame'".

A *Entertainment Weekly* foi mais benévola, mas só deu uma pontuação B ao álbum. "'The fame' é extremamente (e exaustivamente) puro em sua visão de um mundo em que nada supera ser 'beautiful, dirty, and rich'." Nesta futilidade toda, no entanto, seu escapismo simplório tem seus encantos.

Embora "Just dance" conseguisse atingir o número um no Canadá e na Austrália, e *The Fame* estivesse entre os primeiros lugares nas paradas dos dois países, o sucesso nas paradas na América continuava fora do alcance de Gaga. Então, determinada a trabalhar o mais arduamente possível, depois do que considerou um desempenho decepcionante nas paradas, Gaga aumentou ainda mais sua programação, apresentando-se no máximo de shows possível que seu físico suportasse no tempo disponível.

Depois do show na Madison Square na noite anterior, Gaga fez mais duas performances e não dormiu enquanto a turnê se dirigia a Atlanta. Gaga ainda abriu o show dos New Kids na Arena do Gwinnett Center, e de algum modo conseguiu energia para fazer uma apresentação à meia-noite no clube Bazzaar, em Atlanta. O clube estava totalmente repleto – talvez acima da sua capacidade –, e em toda parte havia fãs gritando, muitos deles vestidos ao estilo Gaga. Para onde ela olhasse havia bastões de dança e raios brilhantes feitos à mão nos rostos das pessoas.

"Eu definitivamente adoro Atlanta!", disse Gaga quando entrevistada por um jornalista de lá. "Estou no céu. Consegui fãs aqui!"

Embora fazer tantos shows fosse exaustivo, Gaga estava no piloto automático. Seu único objetivo era promover o disco até ele atingir o número um.

"Tem sido muito divertido. Nem me importo de não dormir", ela disse. "Quero apenas dar tudo para este disco. Vou ficar acordada quatro, oito, dez dias se necessário. Nós nos apresentamos a noite passada no Madison Square Garden. Já tinha me apresentado em todos os clubes de Nova York, mas realmente fazê-lo no Garden era um sonho."

Sempre agradecida aos fãs que a apoiavam, especialmente às fãs que apareciam vestidas ao seu estilo, Gaga foi enfática ao declarar à jornalista que seus fãs significavam tudo para ela. "Eu só quero que [os fãs] saibam que eu os adoro, e lhes agradeço muito por me apoiarem. O disco é realmente sobre a fama interna, e que você pode acreditar nessa fama e consegui-la se quiser."

Gaga estava dando seu sangue pela música. Abandonara as festas – estava na estrada 24 horas por dia, 7 dias por semana – e cortara de sua vida qualquer vislumbre de um namorado ou amante. Em vez disso, passava todo seu tempo tentando convencer a imprensa de que Lady Gaga não era um nome ou um personagem no palco; era quem ela realmente era. Em 28 de outubro, dia em que *The Fame* foi lançado, ela deu uma entrevista ao *New York Post* tentan do refutar esses boatos.

"Não estamos acostumados a ver artistas com uma conexão realmente forte com relação à moda, à arte, aos recursos visuais e a tudo isso junto, e por isso as pessoas acham que 'Lady Gaga' é um personagem, mas ela absolutamente não o é", explicou. "Sempre fui alguém que se destaca em uma multidão. Sempre fiz roupas para mim e me visto dessa maneira há muito tempo, e para mim isto não é um visual, é meu estilo de vida. A maneira como Andy Warhol tentou fazer com que a arte comercial fosse levada tão a sério quanto as belas-artes é a maneira como quero fazer com que a música *pop*, a performance de arte *pop* e a moda *pop* sejam levadas tão a sério quanto a alta moda e a cultura refinada", continuou explicando ao jornalista, aludindo ao trabalho de um de seus heróis de todos os tempos.

Fazer isso era algo que estava claramente na mente de Gaga. Porém, o sucesso nas paradas teria de esperar, porque, antes disso, a controvérsia sobre o estilo de Christina Aguilera atingiria um ponto totalmente inesperado.

Capítulo Dezesseis
Controvérsia com Xtina

Embora Gaga achasse ter apagado qualquer potencial incêndio com Christina Aguilera sobre a escolha do traje da estrela para o MTV Video Music Awards, não podia estar mais errada. Em 11 de novembro, Christina foi entrevistada pelo *Los Angeles Times*, e o jornalista lhe perguntou o que achava de as pessoas estarem dizendo que ela estava roubando o estilo de Lady Gaga.

"Sabe, é engraçado você mencionar isso", respondeu Christina. "Esta pessoa [Lady Gaga] chamou minha atenção algum tempo atrás. Para ser honesta, não sei bem quem é esta pessoa. Não sei se é um homem ou uma mulher. Simplesmente não tenho certeza. Realmente não fico navegando na internet, e por isso tenho poucas informações a esse respeito."

Mais tarde, nesse mesmo dia, o *website* de música e moda TMZ insistiu na controvérsia, colocando uma foto de Gaga com seu vestido branco de *origami* e cristal, com um longo cabelo loiro platinado e franjinha, perto de uma foto da *designer* de moda Donatella Versace, com a legenda: "O que é essa história de Xtina estar copiando o estilo de alguém?! Imagine".

Blogs e fóruns de música correram para apoiar, com fãs irados aliando-se ao "Fã-clube de Gaga". Alguns aventaram a hipótese de Christina ter pago a TMZ para colocar o comentário lá e humilhar Gaga.

Além disso, alguns fãs, que eram seguidores leais tanto de Gaga quanto de Christina, não conseguiam acreditar que Christina fosse capaz de ser tão mesquinha. No fórum do *website* de Gaga, um fã escreveu: "Minha vida toda sempre fui fã de Christina... até agora. Agora sou do FÃ-CLUBE DE GAGA!".

Os amantes de música trocaram insultos em comentários colocados sob novas histórias sobre a briga, declarando-se pertencentes ao Fã-clube de Xtina e se referindo a Gaga como uma impostora ambiciosa e aspirante a estrela. As acusações eram grosseiras e desenfreadas, com um fã escrevendo: "Ela é uma ninguém – daqui a seis meses todos a terão esquecido".

Apavorado pelo que Christina disse sobre sua amiga, o amigo de Gaga, Perez Hilton, entrou rapidamente em ação para tentar salvar a situação. Colocou duas fotos em seu *blog* – uma de Gaga, do seu vídeo "Just dance", tirada seis meses antes, no qual ela usava seu *top* branco com estampa de leopardo. Depois colocou uma foto de publicidade recente de Christina em que ela estava com um *top* listado branco e preto e uma pesada maquiagem nos olhos, muito semelhante ao visual de Gaga.

Ainda na estrada com os New Kids e viajando por Omaha e Denver, a trupe de Gaga permaneceu calada e não respondeu aos comentários de Christina. Gaga tinha muito respeito por Christina como artista e, além disso, passara meses trabalhando em seus trajes com a Haus of Gaga. Suas influências eram a moda mais clássica dos anos 1980 e a arte *pop* dos anos 1970, e muito diferente de qualquer visual que alguma contemporânea dela estivesse apresentando. Gaga sempre fora inspirada pela moda. "Sou muito intensamente inspirada pela moda", disse no início daquele ano sobre *Making The Fame*. "Quando escrevo uma música, penso sobre as roupas que vou usar quando for cantá-la. Realmente me visto para a peça e faço música para a roupa."

Além da similaridade imediata entre elas, Gaga de fato não conseguia acreditar que Christina Aguilera – uma artista indicada para o Grammy que vinha lançando discos de sucesso há dez anos – realmente soubesse quem ela era. Na sua cabeça, ela era ainda um peixinho pequeno em um grande lago, trabalhando arduamente para ser reconhecida. A ideia de que seus ídolos pudessem saber quem ela era lhe parecia incabível.

Em outra entrevista à MTV apenas dois dias mais tarde, Christina riu das insinuações de que ela estivesse copiando o estilo de Gaga, insistindo que era influenciada por artistas como Sia e Goldfrapp. "Fui muito inspirada pelo visual e pela atmosfera desse gênero [*pop art*], suas Janes Birkins, suas Blondies, mulheres que vieram antes e que fizeram isto tantas vezes e tão bem – é quase uma homenagem a elas", disse Christina. "Isso sem falar em Wahrol, em Nico, do Velvet Underground... tudo isso está ligado a uma atmosfera e variação da *pop art*, com um visual atual. Apenas uma amostra futurista do que vem por aí."

Para o dedicado Fã-clube de Gaga, isto era acrescentar insulto à injúria. Eles sabiam que Gaga vinha dizendo abertamente que Andy Warhol era uma inspiração constante para ela. Na entrevista que Gaga deu ao *New York Post* naquele ano ela dissera: "Quero fazer música *pop*, performance de arte *pop* e moda *pop* que sejam levadas tão a sério quanto a alta moda e a cultura refinada".

O Fã-clube de Gaga – que contava entre suas fileiras com o *blogger* de celebridades Perez Hilton – protestava veementemente.

"Escutem, tudo bem ser inspirado por outros músicos", disse Perez. "Mas não minta sobre isso, Aguilera!!!"

Gaga continuava viajando com os New Kids em sua turnê. E quanto mais os *blogs* e a imprensa musical se detinham na suposta briga entre Christina Aguilera e aquela nova e supertalentosa artista, mais e mais fãs Gaga atraía.

A publicidade – juntamente com a propaganda boca a boca sobre seu impressionante show no palco – fez com que aquelas enormes arenas se enchessem cada vez mais cedo com pessoas querendo ver o show de Gaga.

Seu show ao vivo – com quatro dançarinos de fundo se atirando no palco, carregando-a e, depois, ela se deitando de costas e segurando o teclado nos pés – era algo de que ela se orgulhava. Ela trabalhara arduamente para tornar seu show memorável e diferente, e as pessoas estavam começando a apreciá-lo exatamente por isso.

"O show é apenas eu fazendo o que me sinto confortável para fazer no palco", explicou ao *Blogcritics*. "É como que a minha energia bruta. Antes que eu soubesse disso, era conhecida como uma *performer* exibicionista, teatral. Foi mais ou menos o que aconte ceu. Na verdade, nunca tentei fazer isso. Se fiz alguma coisa, foi tentar não fazer isso e desistir de tentar parar de ser eu mesma."

Para Gaga, não fazia diferença se seu público era composto por cinco ou cinquenta mil pessoas, ela sempre dava o máximo em toda apresentação. "Você tem que trabalhar muito; nada vem de graça", continuou em sua entrevista ao *Blogcritics*, quando lhe perguntaram que conselho daria aos jovens e promissores artistas que estavam tentando se inserir no mundo da música.

"Se você não conseguir lidar com isso no centro de Nova York, não vai conseguir em lugar algum. Se está interessado em ganhar a vida com arte, é melhor estar pronto para lutar, pois vai ter muita luta pela frente."

Embora Gaga não tenha sido indicada para um American Music Award, sua gravadora, a Interscope, marcou uma festa para depois do show. A cerimônia televisionada do prêmio tinha entre o público muitas celebridades, incluindo Rihanna, Beyoncé, Mariah Carey, Miley Cirus, Alicia Keys, Jonas Brothers, New Kids on the Block, e um artista que ela admirava muito, Kanye West.

A festa foi uma seleção exclusiva, só para convidados, de celebridades, membros da indústria da música e pessoas do meio. Diante de um público que incluía nomes como Will.i.am, Enrique Iglesias, T-Pain e Jordin Sparks, além da Haus of Gaga e de seus agentes, o amigo de Gaga, Colby O'Donis, também estava ali para apoiá-la para o show.

Gaga apresentou um show incrível de 35 minutos que colocou todos dançando, inspirando gritos e aplausos quando ela anunciou ao público que *The Fame* havia acabado de ganhar o ouro. Embora o evento fosse apenas para celebridades e personalidades importantes do meio artístico, alguns dedicados fãs de Gaga conseguiram entradas e jubilosamente colocaram fotos do show da sua musa nos fóruns, falando com entusiasmo sobre o brilho da performance e de como ela era encantadora pessoalmente.

Quando a turnê dos New Kids chegou ao show da Cox Arena em San Diego, em 25 de novembro, o estádio já estava completamente lotado às oito da noite, quando Gaga entrou no palco. Ela estava em êxtase. Milhares de pessoas estavam lá para ver o que havia de verdade em todo o estardalhaço que a mídia vinha fazendo, mas Gaga não se importou. Se estavam ali, isso significava que ela poderia lhes mostrar do que era capaz.

Em San Diego, enquanto fazia o show, Gaga foi entrevistada para a *Earsucker*, que aproveitou a oportunidade para indagá-la sobre os comentários que Christina Aguilera fizera a seu respeito.

"Christina Aguilera disse que não sabia quem você era ou se você era um homem ou uma mulher. Algum comentário a esse respeito? Achei que isso foi rude da parte dela", disse o entrevistador.

"Não me ofendi com isso", respondeu Lady Gaga com toda a classe de uma verdadeira lady. "Sou inspirada pela androginia, por David Bowie e Grace Jones."

E embora o entrevistador continuasse perguntando a Gaga sobre o desempenho de Christina na MTV e se ela achava que a ex-estrela do Mickey Mouse Club havia roubado seu visual, Gaga não se deixou arrastar para uma briga de tabloides. Ela já tinha visto muitas calúnias e brigas pela imprensa e sabia que não era esse o tipo de artista que queria ser.

"A performance revelou uma semelhança", respondeu ao entrevistador, mas continuou com seu comportamento digno habitual: "Eu não tenho um visual. Visto-me assim o tempo todo. Não tenho inimigos".

Os fãs de Gaga ficaram encantados, particularmente Perez Hilton, que disse: "É assim que se lida apropriadamente com situações como essa! Tome nota, Xtina."

Os fãs de Gaga a adoravam porque ela não era dada a falar mal de nenhum outro artista. Eles a amavam porque estava trazendo algo novo à música *pop*, e o fazia com estilo e boas maneiras. Não era arrogante, e nunca se promoveu derrubando outras pessoas. Era uma pessoa realmente de classe, digna, e se colocava a distância dos outros artistas que tentavam ganhar pontos uns atacando os outros nos tabloides.

O tumulto criado pela mídia também foi uma boa publicidade para Christina, pois tinha acabado de lançar um novo álbum dos Greatest Hits. Mas durante todo o episódio pareceu ser Gaga quem ficou por cima, conquistando para si milhares de novos fãs e fortalecendo o vínculo com os já existentes. Todos estavam felizes em ser parte de algo novo e excitante que estava acontecendo na música *pop*, felizes por serem parte do Fã-clube de Gaga.

Do mesmo modo, a publicidade estava difundindo o nome de Gaga na imprensa musical, e até mesmo a imprensa musical alternativa começou a demonstrar certo interesse naquela briga. Pessoas que nunca tinham ouvido falar daquela garota de Nova York souberam que, em algum lugar, Christina Aguilera estava falando mal de uma nova artista que estava surgindo. Então começaram a procurar por Gaga no Google e a ouvir suas canções no MySpace.

Jamais desconcertada pela publicidade negativa, Gaga continuou a se apresentar, conseguindo se inserir em alguns shows fora da turnê dos New Kids. Chegou até mesmo a encontrar tempo para passar um dia em Toronto, prestando apoio à iniciativa da RE*Generation, que trabalha com organizações canadenses para ajudar jovens em risco de morte e desabrigados. Também fez um show beneficente no Circa,* com todo o lucro revertido em benefício de entidades que ajudam jovens sem-teto em todo o Canadá.

Antes do show, Gaga – em seu vestido branco de *origami* e cristais – reservou algum tempo para visitar o Eva's Phoenix, um abrigo para jovens na cidade. "Este é um local de transição realmente incrível", ela disse depois. "Se eu puder ser uma inspiração para eles e ser uma parte disso, isso só fará com que me sinta mais poderosa do que qualquer encenação ou luzes brilhantes no palco."

Toda a publicidade que ela conseguiu com o escândalo de Christina Aguilera e com seu trabalho de caridade logo refletiu em sua posição nas paradas. Na primeira semana de dezembro, "Poker face" estava em primeiro lugar no gráfico de *downloads* no Canadá, e também na Austrália, há quatro semanas. Mas o sucesso nas paradas nos Estados Unidos ainda não estava acontecendo.

Os fãs discutiam este estranho fenômeno nos fóruns, ponderando por que ela era mais popular fora do que dentro da América.

Satisfeita com o sucesso de "Poker face" no mundo todo, embora não em sua própria terra, Gaga voltou a Nova York, onde seria a atração principal do Z100 Jingle Ball anual da cidade, que tinha um lugar especial no coração de Gaga. Exatamente dez anos atrás, ela

---

* Clube noturno em Toronto. (N. T.)

tinha ido ao Jingle Ball como uma excitada fã de música de 12 anos de idade; foi sua primeira experiência de música ao vivo.

Todos na cidade estavam excitados com a apresentação que Gaga faria ali, não apenas seus amigos e sua família.

"É uma grande história", disse a diretora do programa, Sharon Dastur. "Uma garota de Nova York abrindo o Jingle Ball. Quando soubemos que sua canção estava se tornando um dos maiores sucessos da emissora, dissemos ao seu pessoal que a queríamos para o Jingle Ball, e ela chorou de alegria."

Embora os organizadores do Jingle Ball estivessem preocupados que a economia em crise pudesse afetar as vendas das entradas, com Gaga na programação todas foram vendidas mais rápido do que nunca.

A principal performance incluía artistas como Katy Perry, Leona Lewis, Paramore, Ne-Yo e Rihanna. Junto com Brandy e The Veronicas, Gaga apresentou-se na abertura do show pré-evento, realizado no Roseland Ballroom de Nova York.

E não foi só isso. Gaga sentiu uma amostra do que significa ser famosa, conseguindo um número enorme de coisas gratuitas. Nos bastidores havia um *stand* de presentes, repleto de coisas, que variavam desde câmeras digitais a produtos de beleza, tudo presente dos patrocinadores para todos os artistas.

Gaga não conseguia acreditar. "Sou apenas uma garota de Nova York", exclamou quando voltou ali. "Então, se há coisas gratuitas, você sabe que alguém vai pegar!" Gaga ficou tão excitada com o *stand* de presentes, que acidentalmente bateu um dos adereços de cabeça de seu traje branco de *origami* e cristais no rosto do cantor David Archuleta enquanto lhe dava um abraço ("*poke-er face*, sabe?", ela disse rindo, mais tarde).

Antes de entrar no palco, Gaga foi entrevistada para a Z100, e mal pôde conter sua excitação. Ouvia constantemente esta rádio quando garota, e tinha lembranças vivas do primeiro Jingle Ball que assistira anos atrás.

"Brandy, Monica, GooGoo Dolls!", exclamou, lembrando-se dos artistas daquele ano. "Fiquei enlouquecida quando o GooGoo Dolls entraram no palco, e em seguida começou a nevar!"

Depois do evento pré-show no Roseland Ballroom, Gaga e todos os outros artistas que se apresentaram se dirigiram ao Madison Square Garden. Os pais e a irmã de Gaga tinham ido vê-la e estavam nos bastidores. Gaga ainda estava impressionada com o fato de estar participando do Jingle Ball – como uma *performer*. Isso simplesmente não parecia real. Entretanto, as coisas ficariam ainda mais estranhas. Sua mãe, Cynthia, lhe disse, excitada: "Bruce Springsteen está aqui com seus filhos, e todos são grandes fãs seus!".

Gaga olhou em volta, e realmente Bruce Springsteen estava ali com seus dois filhos e sua filha.

Ela pareceu enlouquecer. Ali estava o homem cujos discos ouvira repetidas vezes com seu pai quando tinha apenas 5 anos de idade. Ela sabia de cor as letras de todas as suas canções. Sabia cada acorde, cada progressão e até cada mudança de tonalidade.

Sem responder à sua mãe, Gaga correu para as poltronas em que Bruce e sua família estavam sentados. Impaciente demais para andar pelos corredores, apesar dos seus saltos altos e do vestido branco de *origami* e cristais, ela subiu nas poltronas e deu um grande abraço nele.

"Ele me disse que eu era meiga", contou Gaga depois. "Então, entrei em total colapso, chorei no pescoço do homem!"

Apesar do seu triunfo no Jingle Ball – e de ter conhecido um dos seus heróis de todos os tempos –, quase todos os jornalistas que a entrevistavam só queriam saber mais sobre o escândalo Christina. *Fab*, uma famosa revista gay, entrevistou Lady Gaga e lembrou o que Christina havia dito sobre ela: "Ela não tem nada melhor a fazer do que ser uma cretina?".

"Não fiquei de modo algum ofendida, porque acho que ela estava apenas tomando conhecimento de algo que estou tentando fazer com o meu trabalho", Gaga riu, deixando claro que não queria ser induzida a uma troca de ofensas. Além disso, como disse à *Fab*: "O que há de tão ruim em ser um transexual?".

"Acontece que acho Christina extremamente talentosa, e sempre fui sua grande fã quando era pequena", continuou gentilmente. "Quando alguém lhe telefona e diz que Christina Aguilera disse algo sobre você na imprensa, você pensa: 'O que está acontecendo?'".

Embora a *Fab* e outras publicações tenham questionado se Christina estava tentando desrespeitar o visual dos travestis, Gaga certamente não estava. "Adoro os transexuais. Sempre que pareço realmente louca e tento explicar isso às pessoas, eu lhes digo que estou parecendo um fogoso e maluco transexual, e isso significa que estou parecendo fabulosa."

O amor de Gaga pela moda estava totalmente integrado à música que estava fazendo: as roupas, a tecnologia e toda a parafernália inovadora que todos iriam ver e ouvir em seus shows. Ela queria que as pessoas saíssem de seus shows pensando que diabos tinham acabado de ver.

"Em outras palavras, é como um show *pop* adequado para um museu", disse ao *Killahbeez*. "Tudo o que fazemos é completamente um impulso do momento. E eu, em geral, não sei o que vou vestir até o traje me ser entregue uma hora antes do show, e normalmente é algo que você simplesmente consegue obter em qualquer lugar."

Mas, apesar de seus melhores esforços, o *Xtinagate* era um escândalo que não se "apagaria" facilmente.

Capítulo Dezessete
Escapando do *Xtinagate*

Apesar de Gaga tentar fazer os *paparazzi* falarem sobre outro assunto que não o *Xtinagate*, o tema continuava vindo à tona repetidas vezes. Pronto para defender a garota que era sua mão direita, até Akon entrou na discussão, dizendo à *Rap-Up TV*: "Definitivamente acho que Christina Aguilera é muito inspirada por Lady Gaga. É quase idêntica. Ela nunca fez isso antes de Lady Gaga aparecer".

Embora tivesse sido desagradável, Gaga conseguiu lidar com a tempestade do *Xtinagate*, que certamente não lhe causou nenhum dano. Na verdade, o número de fãs que ela tinha no MySpace quase dobrara durante o escândalo.

Lidando da maneira como já vinha fazendo – recusando-se a entrar em uma briga ou tentando ganhar pontos sobre uma das maiores estrelas globais da música *pop* –, ela mostrou toda a classe de uma grande artista. E, nesse meio-tempo, conquistou milhares de fãs que talvez nunca tivessem ouvido falar dela não fossem os comentários de Christina.

Desde seu lançamento em setembro, o álbum *The Fame* tinha permanecido muito tempo entre os dez primeiros lugares nas paradas australianas, atingindo o quarto lugar durante o auge do *Xtinagate*. No Canadá, o álbum chegou ao primeiro lugar. As vendas do *single* também aumentaram, e na América *The Fame* estava novamente subindo nas paradas.

No Reino Unido, os entusiasmados fãs de música mal podiam esperar pelo lançamento do álbum ali, marcado para 12 de janeiro. "Por que temos que esperar mais do que todos os outros lugares para tê-lo?", reclamavam os fãs nos fóruns do *website* de Gaga. Se tudo aquilo tinha valido de alguma coisa, esperá-lo por mais tempo estava fazendo com que o desejassem ainda mais.

Para ajudar sua crescente rede global de fãs, Gaga lançou o vociferante disco de Natal que ela e Space Cowboy tinham escrito no início do ano, quando começaram a trabalhar juntos. "Christmas tree" era um futuro clássico e irônico *hip-hop* elétrico natalino.

Sempre agradecida ao amigo Perez Hilton pelo apoio – particularmente durante o *Xtinagate* –, Gaga novamente deu a exclusividade da *première* mundial de "Christmas tree" ao seu *blog* de celebridades.

Ela estava determinada a não dizer nada de negativo sobre Christina, não importava o quanto os tabloides a provocassem, e aceitava o desafio elogiando-a. "Ela é uma estrela incrível, e se eu tivesse de fazer algo seria lhe mandar flores, porque muitas pessoas na América não sabiam quem eu era até tudo isso acontecer", disse à revista *OK*. "Isso, de uma certa maneira, realmente me colocou no mapa."

Gaga não se sentia ressentiva com relação aos comentários de Christina. Na verdade, estava simplesmente excitada por seus fãs terem reconhecido seu estilo.

"Embora só estivesse no meio comercial há sete ou oito meses, realmente gravei a imagem gráfica do meu visual na mente de meus fãs. Eles viram uma estrela fantástica, ganhadora do Grammy, que está há anos fazendo sucesso, e reconheceram nela Lady Gaga. Isso para mim é um grande elogio."

A questão visual do trabalho de Gaga era imensamente importante para ela, sempre tinha sido. Seu amor por artistas como Madonna e David Bowie foi fortalecido pelo uso inteligente do visual exótico para comunicar sua música às pessoas. Embora alguns ridicularizassem seu jeito bizarro de se vestir, quando Christina Aguilera apareceu com um visual semelhante ao dela, Gaga soube que estava conseguindo o que queria.

"Eu preferiria ter dois belos vestidos que são como peças de arte, formas e imagens claras definidas que inculco no cérebro de todo mundo no mundo, do que ter quinze pares de jeans e jaquetas, nos quais eu estaria sempre vestindo algo diferente, mas não memorável", ela explicou a um jornalista dinamarquês que lhe perguntou sobre seu jeito louco de se vestir.

E o visual de Gaga era definitivamente memorável. Outras celebridades estavam se baseando nele e incorporando seu estilo em seu próprio guarda-roupa, numa tentativa de continuar na moda.

Copiadoras aspirantes a estrelas estavam aparecendo em toda parte, e quando eram celebridades no tapete vermelho, isso só servia para confirmar o que Gaga sempre soube. Com a Haus of Gaga, Lady Gaga criou um visual e um estilo que era vanguarda absoluta da moda.

Felizmente Gaga não teve de ficar muito mais tempo se defendendo das acusações de Christina. No ônibus da turnê, quando se dirigia a outro show, seu telefone tocou. Ela suspirou, preocupada que fosse mais um pedido para que fizesse algum comentário sobre o *Xtinagate*, mas, em vez disso, era a gravadora Streamline Records informando-lhe que tinham acabado de ouvir a notícia de que "Just dance" havia sido indicado ao Grammy na categoria de Melhor Gravação de Dança.

Embora fosse enfrentar a competição com Daft Punk, Hot Chip, Rihanna e seu grande ídolo, Madonna, a gravadora de Gaga achava que ela tinha uma chance real de ganhar o prêmio. "Just dance" tinha sido um enorme sucesso, embora ainda não tivesse atingido o primeiro lugar nas paradas da América. Gaga achou que vencer seria apenas a cereja sobre o glacê. Só o fato de ser indicada ao lado de artistas do mundo *underground*, como Hot Chip, pesos pesados como Daft Punk ou lendas da música *pop* como Madonna já era honra suficiente para ela.

Voltando a atenção para o lançamento britânico do álbum *The Fame*, Gaga começou a marcar as datas de suas apresentações em clubes gays em todo o Reino Unido, assim como a abertura para as Pussycat Dolls, que a tinham convidado para fazer uma turnê com elas na Europa no início de 2009.

Com 2008 quase terminando, ainda havia tempo para preparar mais alguns shows de Natal nos Estados Unidos, assim como voar até a Europa para realizar três shows para a Nokia em Estocolmo, Copenhagen e Oslo, onde as multidões enlouqueceram com o *catsuit* preto de Gaga e seus cristais de *origami* dourado.

Na Dinamarca, ela foi entrevistada por *The Voice*, e assim teve oportunidade de falar um pouco mais sobre si mesma aos seus fãs do norte da Europa. "Sou realmente diferente de muitos artistas", explicou ela. "Não estou fazendo isso para ganhar uma tonelada de dinheiro e depois ir para o Havaí. Cada dólar que ganho invisto no meu show."

O jornalista dinamarquês pareceu confuso. "Achei que você adorava dinheiro, por causa de 'Money Honey'."

"Não", Gaga deu risada. "O dinheiro não está na agenda. Eu quero primeiro beijos, depois amor, e depois dinheiro!"

Na verdade, todo o dinheiro que ela ganhou com seus shows extras no outono foi para pagar as enormes telas de LCD e os trajes de *origami*. Além disso, tinha grandes planos para o cenário do palco e para os novos trajes que queria usar na turnê das Pussycat Dolls, assim como em sua própria turnê, *The Fame Ball*, que a levaria pelo mundo em 2009.

Gaga, em geral, tinha dificuldade para explicar que não estava particularmente interessada em dinheiro, em especial para os jornalistas, que estavam acostumados a ver as estrelas *pop* cobertas de joias e morando em mansões de milhões de dólares. "Para que eu quero um Rolls Royce?", chegou a dizer a um deles. "Eu nem sequer dirijo!"

Embora alguns artistas tivessem se negado a participar da cansativa turnê e da programação de apresentações com a qual Gaga se comprometera, ela nunca se queixou. Como uma garota que trabalhou tão duramente por tanto tempo em Nova York, ela vira muitos artistas talentosos não chegar a lugar algum, e sabia que era afortunada por ter ido tão longe.

Entrevistada para *The Grind*, Valentine lhe perguntou que conselho daria para outros artistas que estavam esperando encontrar um lugar ao sol na indústria da música. Gaga os aconselhou, antes de tudo, a ler seu livro favorito, *Cartas a um jovem poeta*, de Rainer Maria Rilke.*

"Viva sua vida como se fosse morrer se lhe proibissem de fazer música. Se fizer isso, vai conseguir que sua música seja tocada no rádio. É uma vida muito difícil esta da música, mas também é uma bênção. Sim, temos que renunciar a um monte de coisas que ninguém quer abandonar, mas todos os dias consigo fazer música, e isso vale qualquer sacrifício."

---

* Rainer Maria Rilke (1875-1926) foi um dos mais importantes poetas de língua alemã do século XX. Sua poesia, que celebra a união transcendental do mundo e do homem em uma espécie de "espaço cósmico interior" e que provoca a reflexão existencialista, influenciou muitos autores e intelectuais em diversas partes do mundo. (N. T.)

Ela sabia que qualquer um que tivesse um sonho poderia torná-lo realidade se dedicasse sua vida a isso. Por isso dedicou sua vida ao seu sonho, e após anos de trabalho árduo ele estava se realizando.

Voando de volta para os Estados Unidos em 22 de dezembro para alguns dias de descanso antes de seu show no Webster Hall de Nova York, Gaga sentou-se com Troy, seu agente, e falou sobre a louca jornada em que se envolvera naquele ano. Ela conseguiu enfrentar vários escândalos da mídia relativamente incólume, incluindo sua "exposição" não intencional ao *Xtinagate*. Também teve de superar outros problemas mais pessoais. Parou de atualizar sua página pessoal no Facebook quando foi inundada por solicitações de amizades de fãs, e por mais que os adorasse não queria que vissem todas suas fotos pessoais que ali tinham sido colocadas por seus amigos ou familiares. Até sua irmã, Natali, começou a receber centenas de solicitações de amizade de fãs desesperados que queriam se aproximar de qualquer maneira de sua heroína *pop*.

Gaga passou o Natal de 2008 com sua família, celebrando juntos seu ano de sucesso. Seus discos finalmente estavam tendo uma melhor aceitação nas paradas dos Estados Unidos, com "Just dance" atingindo o terceiro lugar entre os *singles* no American Billboard Christmas. Ela só foi impedida de chegar ao topo por Beyoncé, cujo *single* "Single ladies" estreou em primeiro lugar, e por Rihanna e TI, cuja faixa "Live your life" estava em segundo.

Quando chegou a véspera do Ano-Novo de 2008, Gaga pensou sobre aquele ano e começou a planejar as resoluções para 2009. Fundamentalmente, ela queria apenas continuar fazendo música, fazendo a sua arte. À medida que o ano foi progredindo, ela passava cada vez mais tempo trabalhando em sua música, e não apenas em música para ela, mas em canções que escrevia para outros artistas.

Ela tinha enormes listas de artistas e produtores com quem gostaria de trabalhar; as possibilidades pareciam infinitas. E, para uma pessoa viciada em trabalho como Gaga, isso era mais excitante do que qualquer outra coisa.

Um artista com quem ela definitivamente desejava trabalhar, personagem bem conhecido no meio por ser um misterioso astro do *rock* gótico, era Marilyn Manson, uma escolha surpreendente para uma, talvez, princesa do *pop* de plástico. No entanto, eles tinham uma coisa em comum: adoravam chocar as pessoas.

"Ele é muito visionário, e seu trabalho é realmente artístico, na mesma veia do que faço", explicou ao *Killahbeez*. "Adoraria trabalhar com alguém que tem a mesma filosofia que eu."

Mal sabia Gaga que o estranho astro do *rock* a observava a distância, e em uma questão de meses os dois iriam se conhecer.

Outra coisa que Gaga aspirava para 2009 era algo não muito complicado, ou seja, simplesmente manter-se saudável. No início de 2008 ainda frequentava muitas festas em Nova York. Agora queria poupar toda sua energia para escrever música e se apresentar no palco, por esse motivo desistiu totalmente das noitadas e das festas. Também parou de beber, exceto a ocasional taça de vinho tinto, seu único vício. Estava trabalhando demais, mas praticava aeróbica e exercícios com peso para conseguir se sentir uma "supermulher" no palco. Seus agentes, Troy e Leah, providenciavam uma alimentação balanceada para que ela conseguisse manter toda a energia necessária em seus shows, o que significava, além da ingestão de alimentos apropriados, tomar *shakes* de proteína.

Gaga não se importava com os sacrifícios a que tinha de se submeter. Diferentemente da maioria das garotas de 22 anos, ela não se incomodava de desistir de ter namorados ou encontros amorosos. "Isto não é o meu trabalho, é a minha vida", disse à *Fab*.

"Adoro fazer isso. Às vezes encontro artistas que dizem: 'Oh, meu Deus, mal posso esperar para ter umas férias', e eu penso comigo mesma: 'Minha vida é viajar'. Não viajo esperando voltar para casa e viver minha vida. Estou viajando vivendo a minha vida, adorando tudo isso, fazendo arte, permanecendo inspirada, telefonando para a Haus of Gaga na Califórnia e lhes dizendo: 'Olhem, vi esta peça maravilhosa em um museu. Quero fazer isso e tirei uma foto. Vamos fazê-la'. Estou nisso por amor ao trabalho; simplesmente adoro o que eu faço. No próximo ano, quero apenas continuar aumentando meu pique como criadora, e continuar melhorando cada vez mais. Nos próximos dez anos quero ter uma instalação num museu."

Para seu show de véspera do Ano-Novo Gaga não conseguia pensar em nenhum lugar melhor do que o Webster Hall. Não só é um dos lugares mais flamejantes de Nova York, mas significava que ela estaria em casa no Ano-Novo, e todos os seus amigos poderiam vê-la se apresentar.

O show foi incrível. O Webster Hall tinha licença para vender bebida alcoólica até às oito horas da noite, e lotou quatro andares de pessoas bonitas para celebrar o Ano-Novo. Foram amarrados ao teto mais de 100 mil balões, esperando o toque da meia-noite para serem soltos.

O lugar estava uma loucura, completamente repleto de pessoas gritando. Antes da apresentação de "Paparazzi", Gaga ficou andando de um lado para o outro do palco, tentando se livrar das garrafas de cerveja. "Tem essa merda por todo o chão!", brincou ela, entregando as garrafas de cerveja para os seguranças que estavam nas laterais. Então, encaminhou-se para o centro do palco e sorriu para a multidão, que precisou silenciar para que pudessem ouvir a sua história.

"Um ano atrás, no Ano-Novo, eu estava no alto de um bar totalmente vestida de couro, dançando *go go* no Lower East Side para ganhar dinheiro! E agora estou aqui com todos vocês esperando a contagem para o início do novo ano." E ela riu, antes de iniciar uma canção sobre o único homem que jamais amou, "Paparazzi".

Terminou seu número e, quando o relógio deu as badaladas da meia-noite, milhares de balões caíram sobre a multidão. Gaga, nesse momento, formulou um desejo: atingir o primeiro lugar nas paradas da América. Ela se lembrou de quando era criança, fechando seus olhos bem apertados e desejando ser uma estrela *pop*.

Trabalhou duro e conseguiu realizar seu sonho. Mas sabia que tinha de continuar lutando para atingir o topo da parada americana.

É claro que, naquela noite, nem tudo foi trabalho. Gaga permitiu-se celebrar a véspera do Ano-Novo, embora sua cabeça ainda estivesse cheia de planos. Havia muito trabalho a ser feito para conseguir aprontar o show de sua turnê com as Pussycat Dolls dali a algumas semanas... mas, pelo menos naquela noite, Gaga conseguiu tomar seu adorado vinho tinto e dançar sem compromisso.

Capítulo Dezoito
Feliz Ano-Novo

Em algum lugar, alguém, é claro, escutou o desejo de Ano-Novo de Gaga. Embora a primeira semana de 2009 tenha sido passada, trabalhando arduamente com a Haus of Gaga, ensaiando para a iminente turnê com as Pussycat Dolls, seu *single* "Just dance" finalmente atingiu o primeiro lugar na lista do US Billboard, cerca de oito meses após o lançamento!

Gaga estava em seu pequeno apartamento em Los Angeles, preparando-se para ensaiar e eufórica com a vitória nas paradas dos Estados Unidos, quando o telefone tocou. "Just dance" acabara de ser lançado na Grã-Bretanha, e ficou imaginando se estavam ligando para informá-la de como as coisas estavam indo por lá.

Ela atendeu. Era da Streamline Records, sua gravadora. "Você está em primeiro lugar no Reino Unido!", contou-lhe excitado Vincent Herbert, executivo do selo. "'Just dance' está em primeiro lugar no Reino Unido!" O disco derrubara o vencedor *X Factor*, versão de Alexandra Burke de "Hallelujah". E como se isso não fosse suficiente, "Just dance" vendera mais cópias que o "Hallelujah" só em *downloads*.

Gaga escutou as novidades estupefata. Sentou-se no sofá e caiu em prantos. Não conseguia acreditar que "Just dance" saltara do fim da lista das paradas para ser o número um na América e na Grã-Bretanha!

Ela não podia estar mais feliz. "Era um sonho há muito acalentado ter um grande sucesso no Reino Unido", ela disse ao *Daily Mail*. "Meus fãs de lá são muito *sexy* e as pessoas, muito inovadoras e livres na maneira como pensam sobre a cultura e a música *pop*."

Mas ainda tinha mais boas notícias. "Poker face" estava chegando ao primeiro lugar em *singles* em todo o mundo, e ao topo das paradas na Suécia e na Austrália.

Para muitos, o sucesso nas paradas já estava chegando há um longo tempo. Akon sabia que tinha um sucesso em suas mãos quando Gaga escreveu "Just dance", mas lutaram durante um ano tentando convencer os chefões das principais emissoras de rádio a tocá-lo. "Era um enorme sucesso nos clubes noturnos, mas as rádios não percebiam isso e eu não conseguia entender", ele disse. "Pensava: 'Este é o maior sucesso nos clubes noturnos!'. Sabia que tínhamos apenas de continuar insistindo; por fim, os fãs o puseram onde ele está, não os executivos do rádio."

Eufórica, Gaga começou os ensaios de dança com Laurie-Ann Gibson e seus dançarinos. Mas, por mais feliz que estivesse, esquivou-se de comemorar: Laurie-Ann era uma instrutora de dança exigente, e Gaga sabia que tinha de fazer todos os passos direito ou seria repreendida.

Embora se preparando para a turnê, Gaga encontrou tempo para ir aos escritórios da Cherrytree Records, seu selo na Interscope, e apresentar algumas versões resumidas de suas canções. Apresentou "Poker face" como uma canção acústica, apenas com ela ao piano, e, depois, com Space Cowboy nos teclados, apresentou versões resumidas de "Just dance" e "Eh eh".

As apresentações foram gravadas e estavam prontas para ser mostradas no *website* da Cherrytree Records, mas Martin Kierszenbaum, presidente da gravadora, achou que o trabalho era tão bom, que decidiu lançar as apresentações também como EP.

Depois das sessões de gravação, Gaga partiu diretamente para trabalhar em alguns vídeos. A Interscope chamou o diretor Joseph Kahn para filmar "Eh eh" e "LoveGame" com Gaga naquele mesmo fim de semana do início de janeiro.

Há quinze anos, Joseph vinha fazendo vídeos vencedores de prêmios para artistas como Britney Spears – ele fez o vídeo de "Toxic", um dos *singles* preferidos de Gaga –, Janet Jackson, Backstreet Boys e Pussycat Dolls. E embora os vídeos estivessem sendo filmados em Los Angeles, Gaga escolheu um cenário de Nova York para ambos.

Para a doce canção de amor "Eh eh", a inspiração foi Little Italy, em Nova York, e apresentava os dois grandes cães dinamarqueses, Rumpus e Lava, que também estavam no vídeo de "Poker face". O vídeo mostrava Gaga conversando com os amigos, andando pelas ruas da cidade, e também preparando o jantar para um homem vestida apenas de calcinha e sutiã.

"Eu queria mostrar um lado diferente de mim, talvez um lado de garota mais doméstica", disse Gaga ao *PopEater*. "E quis criar uma imagem de moda bonita, estonteante e futurística dos anos 1950, que inflamaria o cérebro de todo mundo!"

As imagens de moda escolhidas para o vídeo incluíam um *collant* feito de flores de plástico amarelas. "Comentei com alguém que, neste ano, o amarelo seria preponderante na moda, porque as pessoas estão muito tristes, e o amarelo traz alegria, como o sol", ela disse durante a filmagem. "Por isso estou vestindo flores ensolaradas!"

O dia seguinte começou cedo. Era mais um dia exaustivo de filmagem em um armazém no porto de Los Angeles. A inspiração para o vídeo de "LoveGame" era totalmente diferente do doce

"Eh eh" – de Little Italy, "LoveGame" foi para o subterrâneo do metrô de Nova York.

O vídeo começava com uma sequência particularmente vulgar, apresentando uma Gaga despida, que usava apenas pintura corporal e aplicações de diamante, divertindo-se com dois rapazes sarados: um com a palavra "Love" e outro com a palavra "Fame" raspada no couro cabeludo. O cenário do vídeo era uma plataforma de metrô, e os dançarinos representavam uma gangue de motoqueiros que corria em uma coreografia bastante influenciada por "Bad", de Michael Jackson.

"Eu queria ter aquele grande momento de dança gigantesca no vídeo", explicou Gaga. "Queria que os rapazes fossem plásticos, bonitos, vistosos, suados, sarados, mas que, quando se chegasse perto deles, todos tivessem o olhar incrivelmente honesto e assustado."

Gaga tinha de ter alguma moda original para o vídeo, claro, e esta veio na forma de óculos que pareciam uma cerca de elos de corrente interligados. "Adoro imagens de um garoto sarado do centro da cidade, andando pela rua com seus companheiros, pegando um alicate e fazendo um par de óculos de uma cerca da rua", ela comentou.

"Achei essas imagens muito reais; elas mostram que, não importa quem você seja, de onde venha nem quanto dinheiro tenha no bolso, você não é nada sem suas ideias. Suas ideias são tudo o que você tem. A abertura do vídeo sou eu com este capuz de elos de corrente e estes óculos intensos. Eles parecem muito concretos. Parece que os tirei direto da cerca e os coloquei no meu rosto."

O fator choque predominava no vídeo de "LoveGame": a nudez no início, a dança obscena, e também a cena em que Gaga empurra um policial em um elevador. Tomadas alternadas no elevador apresentam Gaga dançando e lambendo um policial, e depois uma policial, o que causou escândalo quando, meses depois, o vídeo foi lançado.

Os dias de filmagem foram intensivos, mas Gaga ainda conseguiu descobrir neles um pequeno interesse amoroso ao conhecer Speedy, modelo e empresário baseado em Los Angeles, pelo qual a exuberante cantora ficou muito interessada enquanto trabalhavam juntos.

No entanto, infelizmente para Gaga, não havia tempo para romance. Com as tomadas do vídeo encerradas, ela e sua trupe sempre crescente partiram para a Grã-Bretanha, onde a turnê das Pussycat Dolls estava prestes a se iniciar na Escócia.

Gaga voou para Londres em 12 de janeiro, a fim de trabalhar em material no estúdio e fazer alguma promoção para seu álbum com a mídia britânica. Ansiosos por conseguir alguns instantâneos da nova sensação das paradas, os *paparazzi* britânicos esperavam por ela em Heathrow. Após um voo de quinze horas, ela saía do avião vestindo sutiã e calças de PVC. Não esperava uma multidão de fotógrafos apontando suas imensas câmeras para seu rosto – a última vez que estivera no Reino Unido era uma desconhecida!

De início, ela se mostrou um pouco fria com a insistência dos *paparazzi*, mas não demorou para seu talento especial e carismático para a exibição entrar em ação. E então, posou para fotos e conversou com alguns dos fotógrafos antes de ser arrastada para passar algum tempo no estúdio, absorvendo a vibração britânica.

Apesar do tempo frio e da chuva, Gaga recusava-se a se cobrir, chegando certa noite a dirigir-se ao estúdio comendo peixe e batatas fritas e vestindo apenas *leggings* pretos, um *collant* verde, jaqueta de couro e óculos escuros. Os *paparazzi* adoravam, e seguiam-na por toda parte. O público britânico mal conseguia esperar para ver que traje louco ela usaria a seguir, e Gaga não os desapontou, vestindo tudo, desde calcinhas de lantejoulas até *corset* de látex preto, botas de látex com dedos de fora e macacão branco sem alças, sem se importar com o gelado e úmido inverno britânico – e, claro, sempre com seus famosos e infalíveis óculos escuros, não importava qual fosse o momento do dia!

Os jornais adoravam particularmente seus arcos de cabelo, feitos especialmente para ela pelo *designer* de moda Christian Siriano, que conheceu em 2008 no NowNextNow Awards. "Agora Gaga recorre à Minnie Mouse em busca de inspiração!", exclamou o *Daily Mail*.

Embora ainda não tivesse feito nenhum show em Londres, com as performances chamativas de shows como *GMTV* e *T4*, o país vinha acompanhando todos os seus movimentos.

Para se aquecer para a turnê *World Domination* das Pussycat Dolls, Gaga marcou um show no G-A-Y, no Heaven, um clube noturno em Londres. Vestindo apenas calças compridas e justas de PVC e sutiã UV, Gaga se dirigiu ao clube. A fila do Heaven se estendia por todo o caminho, desde a rua principal, dando volta no quarteirão, um testemunho de como a pequena garota de Nova York se tornara popular durante aquele período festivo.

Antes de entrar no palco, a grande tela no fundo do clube exibiu um dos *crevettes** de Gaga, que a mostrava como Candy Warhol, falando sobre ter tido o cérebro removido. A tela fez uma contagem regressiva de dez a um, e Gaga esgueirou-se para o palco, usando um vestido brilhante de plástico prateado, cercada por seus dançarinos incrivelmente sarados.

Enquanto ela se apresentava, foi pouco a pouco tirando partes da roupa, até ficar apenas com um *collant* preto e um novo item de seu guarda-roupa: um porta-seios metálico com mamilos esculpidos.

A multidão ficou louca pelo show, e com quase tantos fotógrafos fora quanto fãs dentro, Gaga teve de ser escoltada por guarda-costas quando saiu. Dirigiu-se, então, para a Escócia, onde a turnê *World Domination* teria início na noite seguinte.

---

* Os Crevette Films são uma coleção de três filmes de arte usados como abertura das performances ao vivo de Lady Gaga. (N. T.)

Os tabloides da Grã-Bretanha adoraram Gaga instantaneamente. Com suas letras *sexy*, seus trajes excêntricos e seus vídeos e performances ao vivo extremamente estilizados, ela era o material perfeito para a mídia.

O jornal *Sun*, entre outros, sugeriu que as Pussycat Dolls podiam não estar tão satisfeitas com o tamanho do alarde que a jovem Gaga estava fazendo, e que ela poderia muito bem acabar roubando o espetáculo das garotas. "Lady Gaga parece mais a atração principal que uma apresentação de abertura", comentou o jornal. Se as Dolls estavam se sentindo inseguras em relação à abertura de seu show, certamente não o demonstravam. Buscavam uma performer *pop* com alguma audácia para aquecer a multidão para seu show altamente explosivo, e a promissora Lady Gaga era a escolha perfeita.

"Estamos muito excitadas por ter Lady Gaga como convidada especial nesta turnê", disseram. "Ela é um rosto novo, é criativa, talentosa e provocante, e mal podemos esperar para ver os fãs dançando todas as noites ao som de suas canções."

O show de abertura de Gaga para as Dolls na AECC, em Aberdeen, não poderia ter sido melhor. O local já estava totalmente lotado quando ela subiu ao palco, repleto de fãs que tinham mantido "Just dance" em primeiro lugar nas paradas pela segunda semana e comprado cópias de "Poker face" o suficiente para garantir que atingisse o trigésimo lugar nas paradas, enquanto seu álbum *The Fame* entrava em terceiro lugar na parada de álbuns britânica.

Depois de uma performance de rigorosos trinta minutos, Gaga ficou em pé na lateral do palco, para assistir às Pussycat Dolls apresentarem seu show. Esta era sua segunda turnê mundial, e elas mantinham a audiência totalmente entretida com um cenário cheio de motocicletas, rodas, *glitter*, *corsets* e suspensórios.

Assim como Gaga, as Pussycat Dolls tinham origem na cena burlesca, embora a tenham abandonado para se tornar um ato *pop* totalmente consolidado.

"Eu costumava dançar *go go* e incendiar 'fios dentais' no palco, coisas desse tipo", recordou Gaga, quando foi entrevistada pelo *Sun*. "Agora, mudei um pouco minha apresentação, mas continua provocativa. Começou a ser mais parecida com um show burlesco."

"Meu pai vinha ver os shows quando eu me apresentava com tanguinhas de couro e não entendia. Não conseguiu olhar para mim durante alguns meses. Mas quando viu que eu estava melhorando, percebeu que minhas ideias estavam ficando mais fortes. Agora, meu pai grita."

Enquanto se apresentava no Reino Unido com as Pussycat Dolls, os shows de Gaga obtiveram críticas altamente elogiosas. Mas, na maioria das vezes, ela ainda aparecia nos jornais por causa dos trajes que usava e com os quais era fotografada. De volta a Londres, após duas noites na O2 Arena, Gaga encontrou tempo para trabalhar alguns discos com Mark Ronson, produtor de celebridades, nos clubes Punk e The Roxy de Londres.

Além de fazer amizade com alguns dos talentos musicais de Londres, Gaga encontrou-se com Paris Hilton no Punk, onde acontecia uma festa da Nokia. Talvez, sem perceber o quanto havia inspirado o álbum de Gaga, Paris passou a noite posando para fotos e dançando em torno do estande do DJ, enquanto Gaga, ajudada por Space Cowboy, tocava os discos para uma multidão animada.

Quando o show acabou, Mark Ronson, que atuava como seu guia turístico não oficial, levou Gaga a Maya e Bungalow 8, dois clubes noturnos populares, exclusivos de Londres, e terminaram a noite em um local privado na parte Leste de Londres. Vestida com sutiã preto de PVC e saia-lápis cor da pele, também de PVC, Gaga não parecia se importar com o frio, e ficou na festa até as cinco e meia da manhã.

Enquanto a turnê das Pussycat Dolls prosseguia por todo o Reino Unido, a gravadora de Gaga estava ocupada, preparando seus próximos lançamentos: o EP *The Cherrytree Sessions*, que estava prestes a ser lançado na América, e "Eh eh", que começava a aparecer na Austrália.

A viagem pela Europa com as Dolls, apesar de divertida, começava a repercutir na carreira de Gaga. Ela já tinha feito centenas de shows em 2008; às vezes, até quatro performances em um mesmo dia, mas era apenas fevereiro de 2009, e já estava tonta com o número de países em que havia se apresentado.

"É uma coisa totalmente bizarra ficar entrando e saindo de países diferentes e de tipos de lugares diferentes, nos quais as pessoas me conhecem ou não, conhecem ou não minhas músicas, é uma coisa irreal", ela confidenciou às câmeras no episódio 29 da *Transmission Gagavision*. "Eu acordava às quatro da manhã, entrava em um avião, e, num minuto, estava na Alemanha, no minuto seguinte estava na Suécia, depois voltava para a Alemanha. Era uma loucura."

Mas isso não foi ruim, de modo algum; embora a programação da turnê fosse cansativa, Gaga estava começando a perceber como sua música tinha penetrado em países do mundo todo. "É tão fantástico ver como a música é poderosa. Você só percebe isso quando sai daqui para se apresentar lá fora. Eu estava no carro, e minha canção estava sendo tocada no rádio! É incrível ver tudo finalmente acontecendo", ela suspirou antes de se recuperar e bater a mão na mesa: "Mas vai ser ótimo! Nada de queixas!".

Uma coisa que Gaga jamais faria é se queixar de quão difícil é ser famosa. Ela dissera várias vezes que sabia que a fama e a indústria da música requeriam trabalho duro, ou nada feito. "É preciso ter coração forte, muita fé e, realmente, acreditar", ela disse à revista *Billboard* sobre sua busca da fama. "Eu adoro o que faço. Sempre digo que não espero ganhar uma enorme quantidade de dinheiro e de fama para poder comprar minha casa na praia. Neste exato momento, estou vivendo o meu sonho."

Embora a programação frenética com as Pussycat Dolls a estivesse esgotando, ela estava resolvida a logo fazer uma pausa. No início de março, as Dolls fizeram um intervalo na turnê para ser o show de abertura da turnê *Circus*, de Britney Spears, durante dois meses. Gaga, então, tornaria a se reunir com as Dolls em meados de maio, para a etapa australiana da turnê.

Entretanto, em vez de ir para casa descansar, Gaga tinha algo diferente em mente: voltou para Los Angeles, a fim de preparar suas coisas para sua primeira turnê solo, que estava prestes a decolar.

Capítulo Dezenove
The Fame Ball Tour

Todos – Gaga, Space Cowboy, os agentes Troy e Leah, a trupe de dançarinos e Dada – estavam na rua, olhando o trânsito. Esperavam há cerca de quinze minutos e ainda nem sinal dele. Então, de repente, virando a esquina, lá estava: um imenso ônibus, que parou ao lado deles, com os faróis piscando.

Gaga ficou tão excitada que gritava e batia palmas, e quando entrou no ônibus, abraçou o confuso motorista. Este era seu primeiro ônibus para sua primeira turnê. Tinha quartos no fundo, com camas beliche, banheiros e chuveiro. Era tudo muito apertado, mas assim que Gaga pôs os olhos em seu minúsculo quarto, que parecia uma caixa de sapatos, gritou de alegria.

Ela se lembrou do que lhe havia custado chegar até ali. Lembrou-se de todo o trabalho árduo, de todos aqueles anos se apresentando em locais de Nova York para apenas um punhado de pessoas, sendo vaiada e tendo cerveja atirada sobre ela. Agora, estava em seu próprio ônibus. Parecia um sonho.

A turnê *The Fame Ball*, como era chamada, deveria se iniciar na famosa House of Blues, em San Diego, em 12 de março. Atrás das cenas, entre Gaga, a Haus e todo pessoal que estava trabalhando na turnê, *The Fame Ball* era mais uma existência espiritual do que apenas uma turnê. Chamavam-na de "a turnê de Joanne", em memória da tia de Gaga, Joanne, que morrera ainda muito jovem.

Embora jamais tivessem se conhecido, Gaga sempre se sentiu espiritualmente próxima de sua tia – seu nome do meio também era Joanne –, e achava que parte do sucesso de *The Fame* se devia ao fato de ela ter saldado algum tipo de dívida espiritual. Gaga pensava em Joanne toda vez que estava criando algo novo, e sentia sua presença inspirando-a.

"Estou muito emocionada, insone e excitada com esta turnê", ela disse à *Billboard*. "Isto é totalmente diferente de tudo o que vocês me viram fazer no ano passado!"

Ela não estava brincando. Enquanto Gaga estava em turnê com as Pussycat Dolls, vários membros da Haus, em Los Angeles, trabalhavam na confecção de novos trajes para ela usar no palco, assim como em novos objetos de apoio e parafernálias para ela impressionar sua audiência. Os jornalistas lhe perguntaram várias vezes sobre o que planejava fazer nessa turnê, mas ela manteve silêncio absoluto, sabendo que todos ficariam loucos quando vissem o show.

A turnê com as Dolls foi uma grande oportunidade para Gaga planejar o que queria atingir com sua própria turnê solo. E o momento havia chegado. Ela, até certo ponto, não estava limitada por tempo, espaço ou dinheiro.

Gaga, na verdade, não fazia nenhum ritual antes do show; apenas uma rápida oração em grupo com a Haus. Tomava chá de gengibre, porque era bom para a voz, e ela mesma arrumava o cabelo e fazia a maquiagem. "É engraçado", ela disse em uma entrevista ao *blogger* e locutor Buzz Bishop, "mas eu realmente não gosto que ninguém faça isso para mim. Grande parte da minha música e de quem sou está enraizada na minha vaidade, e por isso não me sinto eu mesma se não fizer isso pessoalmente. Eu canto sobre fama, beleza, pornografia e dinheiro. É uma espécie de pecado você cantar o dia todo sobre sexo e não fazer os próprios penteados e maquiagem!"

Na House of Blues, quando o número de abertura terminou e o palco estava preparado, uma enorme tela se iluminou com uma das *crevettes* com a assinatura de Gaga. Mas, embora eles pudessem ter visto o filme antes, a performance de quarenta e cinco minutos tinha toda uma nova coleção de trajes e parafernália audaciosos, que impressionaram o público.

O vestido de bolhas de Hussein Chalayan que ela tinha visto em um museu apenas onze meses antes inspirou uma instalação em seu show. Ela entrava no palco vestindo um *collant* cor da pele coberto de bolhas transparentes e, então, tocava um piano de plástico transparente, também cheio de bolhas transparentes!

E alternava os trajes durante o show, mudando para um vestido de baile esculpido e botas com dedos de fora, e depois para um vestido de origami, pelo qual se tornou famosa em 2008.

E se os espectadores casuais achavam seus trajes ultrajantes, houve shows em que Gaga quase foi eclipsada pelos fãs. O obstinado Fã-clube de Gaga não poupava esforços quando se preparava para ver seu ícone *pop*. Em todo show que ela fazia, o público era um mar de cores, com as garotas embonecadas com peles, pinturas faciais, perucas, máscaras do Mardi Gras, contas, colares e seus próprios trajes de "alta-costura".

"Eu realmente adoro quando vejo que minha música e minha moda estão afetando a cultura *pop*", disse Gaga ao *iProng*. "Isso faz com que me sinta famosa. É muito mais importante para mim ver as garotas usando ombreiras, ou penteando os cabelos de maneira diferente, falando diferente, usando palavras novas ou ouvindo música de um gênero ao qual, talvez, nunca tenham sido introduzidas antes... Para mim, isto é que é fama. É inspirar música para as pessoas serem menos preguiçosas."

Gaga lembra-se de que, quando começou, lia todos os comentários que apareciam sobre ela em *blogs*, uns achando que ela era uma coisa real, outros dizendo que era muito exagerada. Na verdade, era um misto das duas coisas. Gaga trabalhava demais, sacrificando o sono, a alimentação e o amor para seguir a rotina exaustiva de viajar, se apresentar, desenhar novas roupas para os shows e compor música constantemente.

"Não me levanto de manhã achando que sou boa demais para dar uma entrevista, boa demais para escrever uma nova canção, ou legal demais para fazer um show para um público pequeno", ela disse. "Eu faço qualquer coisa porque, realmente, realmente adoro o que faço."

Pouco comum em se tratando dela, Gaga também encontrava tempo para deixar o amor entrar em sua vida. Mantivera-se em contato com Speedy desde que o conhecera na filmagem de "LoveGame", em janeiro. Como ela estava passando muito tempo na Europa, o casal, de início, manteve uma relação de amizade; agora, porém, que estava de volta à América, tinham se encontrado e começado a sair. Os amigos diziam que eram inseparáveis, e várias vezes foram surpreendidos por *paparazzi* durante a primeira etapa da turnê *The Fame Ball*.

Se Gaga tivesse se dado ao trabalho de olhar, havia muitos outros comentários sobre ela nos jornais, incluindo aqueles de quem a odiava e só queria derrubá-la. Em uma entrevista ao *Daily Star*, Alan Donohoe, vocalista do The Rakes, disse: "Lady Gaga é um lixo, e se veste como uma prostituta. Acho-a terrível e realmente feia. Eu a detesto".

Como The Rakes tinham lançado um novo álbum apenas uma semana antes, todos sabiam que as palavras de Alan Donohoe eram apenas uma tentativa de conseguir algumas manchetes e vender alguns discos, e este era um truque barato.

Havia também muitas pessoas prontas para colher elogios sobre Gaga, incluindo Ne-Yo, o artista de outro show de abertura para as

Pussycat Dolls. "Nunca fiquei tão excitado com um artista", ele disse ao *Daily Star*. "Lady Gaga tem tudo. Ser você mesmo é o que faz um artista, e você deve alimentar aquilo que conseguiu. Para mim, ela resume o que é ser artista. É uma pessoa estranha, mas inovadora. Não pede desculpas por ser quem é. Ela se orgulha de ser um indivíduo, e eu me propus dizer-lhe isso quando nos encontrarmos na estrada."

A noite de abertura da turnê *The Fame Ball* foi um sucesso absoluto. Todo o nervosismo da primeira noite desapareceu, e o show viajou para Los Angeles e para o Wiltern Theater, onde uma série de celebridades, parasitas e imitadores foram conferir o que era todo aquele estardalhaço, incluindo Clique Girlz, Mika, Kelly Osbourne, Raven Symone, LeAnn Rimes e nada menos que o rei do inovador *hip hop* eletrônico, Kanye West.

Gaga terminou sua performance e começou a caminhar para fora do palco, de repente surpreendida pelo amigo Perez Hilton, que entrou com um microfone, usando um arco no cabelo, e não deixou que ela saísse. Ele tinha um prêmio especial para lhe dar por "Just dance", que vendera mais de três milhões de cópias em todo o mundo!

Gaga ficou em choque enquanto aceitava o prêmio. Todos os dançarinos e Space Cowboy cercaram-na, enquanto lágrimas escorriam pelo seu rosto. Também estava no palco o presidente da sua gravadora, Vincent Herbert, a quem ela agradeceu entre lágrimas por tê-la descoberto, e seu agente Troy Carter, a quem ela aplaudiu.

"Eu amo vocês perdidamente!", ela disse ao público e aos fãs, que gritavam, quando, por fim, saiu do palco.

Foi uma noite de comemoração. E quando, em março, *The Fame Ball* seguiu o caminho de brilhos e lantejoulas através da América, isso só serviu para confirmar o *status* de Gaga como majestade da música *pop*. Todas as noites foram totalmente vendidas, e os fãs faziam fila em volta do quarteirão, esperando, talvez, a possibilidade de algumas entradas disponíveis na bilheteria.

De volta ao Reino Unido, fãs ardorosos mantinham Gaga no alto da parada dos álbuns e dos *singles*. *The Fame* tinha sido lançado em janeiro, conquistou o terceiro lugar e, desde então, permaneceu entre os dez primeiros. Nessa semana, porém, subiu para o primeiro lugar, juntamente com o *single* "Poker face", que estava em primeiro na parada dos *singles*!

Atingir o primeiro lugar em duas paradas no Reino Unido era algo notoriamente raro – o último artista a conseguir essa façanha fora Duffy, em 2008, com o álbum *Rockferry* e o *single* "Mercy". Gaga não apenas repetiu esse sucesso, mas "Just dance" era, até então, o *single* mais vendido do ano na Grã-Bretanha: mais de 550 mil cópias.

O sucesso de Gaga também roubava um pouco os holofotes de sua nova "amiga" Paris Hilton. Embora as duas só tivessem se esbarrado nos bastidores de uma festa em Londres, em janeiro, Paris, agora, estava claramente tomando emprestado o estilo de Gaga para conseguir um pouco de publicidade. Primeiro, apresentou-se para uma série de fotos em Malibu com óculos futuristas e traje de *dominatrix*, com o cabelo cortado curto e franja lisa. Depois, alguns dias mais tarde, quando filmava seu *reality show* da TV, *British Best Friend*, em Venice Beach, Paris mais uma vez apareceu usando roupas inspiradas em Gaga: *corset* preto, saltos altíssimos e penteado em forma de colmeia. As semelhanças eram assombrosas, e levaram muitos jornais e *blogs* da moda a acusar Paris de estar roubando o estilo de Gaga.

Na verdade, quase um ano antes, quando Paris apareceu vestida toda de preto, com uma *headband* e um batom vermelho brilhante, Gaga percebeu que a *socialite* de Los Angeles estava sendo "influenciada" por sua aparência.

"Crie seu próprio estilo exagerado", postou Gaga em seu *blog* em 1º de agosto de 2008. "Sabemos que você pode estar pegando algumas dicas do seu namoradinho, mas, da próxima vez que quiser chamar a atenção, não use uma *headband*."

De volta ao Reino Unido, a explosão de Gaga nas paradas também chamou a atenção de certo produtor escocês. Calvin Harris conferiu seus *e-mails* e, de fato, encontrou um que Gaga lhe enviara em 1º de janeiro de 2008, pedindo-lhe que trabalhasse com ela.

"Eu pensei: 'Lady Gaga, que diabo de nome é esse'", disse ao *Sun*. "Então, respondi: 'Não, não estou nessa'. Passa um ano e ela é o máximo!"

Apesar de Harris ter declarado que não se arrependia de ter declinado do convite, pois não achara boa a canção que ouvira na época, deve ter sofrido com a decisão. Ele estava querendo trabalhar com Katy Perry, mas é óbvio que Gaga se tornaria uma estrela maior do que Perry, e por isso Harris deve ter ficado furioso consigo mesmo.

Gaga não tinha tempo para se preocupar com essas questões; preparava-se, com sua gravadora, para filmar "Paparazzi", o vídeo para o *single* final de *The Fame*.

Há meses, Gaga, Dada e todos da Haus of Gaga trabalhavam no tratamento do vídeo de "Paparazzi". Em vez de apenas um vídeo de música, imaginaram um filme curto, cujos quadros foram cuidadosamente elaborados por Gaga, que examinou cada fotograma e cada detalhe.

Por fim, ela tinha o nível de controle criativo que queria ter sobre o vídeo – e isso para sua canção favorita de *The Fame*. Para ajudá-la a conduzir o vídeo na direção certa, foi contratado o diretor sueco Jonas Åckerlund, que, tendo trabalhado em grandes vídeos-conceito para Smashing Pumpkins e Madonna, tinha experiência suficiente para garantir que o vídeo ficasse à altura das expectativas de Gaga.

A trama para o vídeo apresentava Gaga com o ator sueco Alexander Skarsgård como seu namorado. Gaga é uma *starlet* constantemente assediada pelos fotógrafos. Seu namorado a leva até a varanda para beijá-la, mas ela vê *paparazzi* nos arbustos e tenta fazê-lo parar. Vendo que ele não obedece, e percebendo que ele chamara os *paparazzi*, ela quebra uma garrafa na sua cabeça e ele a atira da varanda, em uma cena que homenageia o filme *Um corpo que cai*, de Alfred Hitchcock. Com Gaga ferida devido à queda, as manchetes dos jornais proclamam que sua carreira está acabada. Entretanto, ela se recupera do acidente e volta com o namorado, mas, então, o envenena para voltar às manchetes. O vídeo termina com Gaga sendo fichada na polícia, posando para as fotos como se posasse para *paparazzi*. "Não sei se você se lembra das fotos de Paris Hilton, Nicky Hilton e Lindsay Lohan com cocaína no nariz. Essas garotas foram a minha inspiração. Eu lia os tabloides como se fossem manuais. Isso tem também um pouco da vibração de Courtney Love. Há uma arte na fama. Eu capto inspiração de toda parte, e foi isso que inspirou o vídeo de '*Paparazzi*'", ela disse a um jornalista em Manila.

O vídeo de "*Paparazzi*" está repleto de referências a outras fontes: além de Lindsay Lohan e seu grupo, é uma combinação de filme *noir*, Cindy Sherman, *cyborgs*, *Macbeth* e filmes de terror dos anos 1950, com Gaga se tornando cada vez mais obcecada.

Há muito tempo, Laurie-Ann Gibson, sua amiga e membro da Haus, recebera a tarefa de coreografar o vídeo de oito minutos, enquanto a esposa de Jonas Åckerlund, Bea, membro honorário da Haus, fora encarregada de desenhar as roupas. Gaga conheceu Bea antes do lançamento de *The Fame*, e queria que ela trabalhasse em todos os seus vídeos, mas, na época, Bea acabara de dar à luz e ainda não estava pronta para voltar a trabalhar. Para este vídeo, no entanto, que seu marido Jonas estava dirigindo, era o momento perfeito para ela se envolver como estilista pessoal de Gaga.

"Ela é como uma irmã que nunca tive", disse Bea à revista *Anthem* a respeito de seu relacionamento com Gaga. "Ela nunca tinha tido uma estilista pessoal antes de mim, mas tem um diretor de criação chamado Matthew Williams [Dada], que trabalha com ela, faz todo o cenário do palco e colabora em todos os seus próprios projetos. Na verdade, ela nunca trabalhou com um estilista particular antes de mim."

O vídeo incluiu muitos visuais diferentes, como peças do arquivo de Thierry Mugler, Dior, Tom Binns, Giuseppe Zanotti, Dolce & Gabbana, Betony Vernon para Swarovski Runway Rocks, Chanel, Boudicca e Boy London. A lista de *designers* cujo trabalho foi apresentado no vídeo é imensa, mas seu visual favorito foi o robô de Thierry Mugler. Quando ele chegou, estava em uma enorme caixa de metal com cadeados, o que foi realmente excitante para Gaga e a Haus!

Para a cena inicial, Gaga usou vários braceletes de diamante de Loree Rodkin, que valiam cerca de 100 mil dólares. A própria Bea desenhou a cadeira de rodas, que teve as rodas originais trocadas por rodas de bicicleta, a estrutura feita pela Gucci e embelezada com cristais Swarovski. Originalmente, foi feito um logotipo de metal, no qual se lia "Gaga", que foi fixado nas rodas, mas acabou sendo substituído pelo logo da [Maison] Chanel.

Os gastos com o vídeo de "Paparazzi" estavam muito longe do início humilde da garota do Lower East Side, que embelezava sutiãs de três dólares para conseguir o visual brilhante. Agora, ela estava lidando com diamantes verdadeiros.

Infelizmente, alguns trechos da filmagem não foram bons para Speedy, o namorado de Gaga. No início da filmagem, o casal foi flagrado se beijando no *set* e, na noite seguinte, se abraçando em um restaurante japonês em Los Angeles. Mas, segundo o *RadarOnline*, Speedy enfureceu-se com a gravação de uma cena particularmente ardente, na qual três rapazes da banda sueca Snake of Eden transavam com Gaga em um sofá. Tudo indica que Speedy ficou sabendo o que estava acontecendo, entrou no *set* durante a filmagem e teve um ataque histérico.

"Ele começou a gritar com ela", disse uma fonte. "Não satisfeito em gritar, seguiu-a até a sala de maquiagem e continuou recriminando-a."

Como se o drama não fosse suficiente, houve mais notícias ruins para Gaga. Foi-lhe informado, pelo seu selo da Austrália, que a Network Ten proibira o vídeo de "LoveGame" devido à sequência sugestiva, que envolvia *bondage** e atos sexuais. A *Video Hits* também se recusava a colocá-lo no ar durante o dia, e foi também proibido pela MTV Arabia. Até mesmo nos Estados Unidos, a VHI e a MTV só apresentavam versões editadas, em que todas as cenas de Gaga despida foram removidas.

Gaga não conseguiu suportar tantas más notícias. O ano estava indo tão bem até então... Mas, com a iminência do fim do relacionamento com Speedy e o vídeo no qual trabalhara tanto sendo banido, Gaga ficou desesperada. Mas ainda assim continuou a marcar datas para *The Fame Ball*. Mas sua verdadeira glória em uma performance na TV veio com o convite para se apresentar no *American Idol*, em 1º de abril. Seu álbum *The Fame*, que vendera 45 mil cópias na semana anterior ao show, vendeu 51 mil cópias na semana em que o show foi ao ar e 56 mil na semana seguinte.

Naquela mesma semana, o *single* "Poker face" atingiu o primeiro lugar na América, na parada dos Billboard Hot 100, tornando Gaga a primeira artista, em quase dez anos – e apenas a quarta artista em 25 anos –, a ter seus dois primeiros *singles* em primeiro lugar na América.

Embora seus discos estivessem subindo nas paradas, Gaga, que ainda tinha o coração partido, estava desesperada para escapar durante algum tempo de *The Fame Ball* e se recuperar; por isso foi para o Reino Unido, para uma semana de publicidade.

---

* Tipo de fetiche relacionado a sadomasoquismo. (N. T.)

Capítulo Vinte
Fuga de Los Angeles

Apesar do coração partido e dos problemas com o vídeo de "LoveGame", Gaga encontrou tempo e energia para manter a aparência atualizada o suficiente para causar dor de cabeça aos *paparazzi*. Quando embarcou em um avião em Los Angeles, indo para Londres, foi fotografada com o short que era sua marca registrada e o cabelo curto, loiro-branco. Mas quando aterrissou em Londres, cerca de dez horas depois, apresentava um visual bem diferente: longo cabelo loiro platinado com mechas cor-de-rosa.

No dia seguinte, a cantora emergiu do hotel Blakes, onde estava hospedada, segurando uma xícara de chá e um pires, com o cabelo todo em cor lilás! E, no outro dia, apareceu no *Friday Night Eith Jonathan Ross* novamente com o cabelo loiro-branco curtinho, com aparência totalmente feroz. Ross mostrava-se bastante constrangido diante daquela garota de 23 anos, e parecia não saber como se relacionar com ela. Estava confuso, é claro, com seus trajes loucos e sua franqueza rude – ela lhe disse que às vezes fazia amor com seu antigo namorado e pensava em mulheres –, mas, mais do que com qualquer outra coisa, ele não entendia sua escolha de bebida.

"Eu estava conversando com os membros da Haus sobre o poder da imagem e da câmera, e queria dizer algo em um nível real sobre a fama", ela contou mais tarde à revista *Billboard*. "Como tomo muito chá, decidi pegar uma xícara roxa da minha coleção de porcelana... levei-a para Londres e a tornei famosa. Coloquei-a em vídeos, fiz fãs posarem com ela e a coloquei na TV... A certa altura, a xícara de chá tinha até um horário de chamada."

Enquanto sorvia chá de gengibre durante o programa, estava claro que Ross não tinha ideia de como se relacionar com ela – ou com sua xícara de chá. Quando lhe perguntou sobre o comentário que Christina Aguilera fizera – que não sabia se Gaga era homem ou mulher –, Gaga respondeu-lhe de maneira impassível: "Eu, de fato, tenho um pênis imenso". Foi um comentário que mais tarde, naquele mesmo verão, voltaria a assombrá-la após sua performance em Glastonbury.

A aparição morna de Gaga no *Friday Night With Jonathan Ross* foi um pouquinho decepcionante para seus fãs. Entretanto, eles estavam lá com prazer quando ela foi entrevistada por Paul O'Grady. Mais conhecido durante muitos anos como a travesti Lily Savage, Paul sentia-se muito mais à vontade com o passado do teatro musical burlesco de Gaga, e a entrevista foi muito mais animada. Gaga chegou a dar seu arco de cabelo para O'Grady colocar, o que provocou gritos e aplausos da audiência.

Ela também lhe deu algumas informações sobre sua equipe de criação, a misteriosa Haus of Gaga. "Eles são meus amigos. São todos muito jovens e trabalham comigo nos projetos dos shows, na união de música, moda, dança e luzes. De fato, tenho conhecido algumas pessoas incríveis nesse meio, e todas me dizem para eu não deixar que ninguém do meu pessoal de criação se afaste de mim; por isso não me deixo levar pela badalação e começo a trabalhar com todas as pessoas realmente 'mega'. Mantenho meus amigos íntimos bem perto de mim, e continuamos fazendo as mesmas coisas que fazíamos em Nova York quatro anos atrás."

O'Grady também revelou um pouco mais sobre as exigências de Gaga, dizendo que, dos muitos convidados que já tivera no programa, ela era quem tinha feito menos solicitações: não quis nenhuma bebida alcoólica – nem cerveja ou vinho –, mas apenas homus!*

"Todos acham que estou chapada durante o tempo em que permaneço no palco, mas a verdade é que sou absolutamente rígida nos ensaios", ela lhe disse. "Sou mandona, mas quero apenas fazer um bom trabalho!"

Sua xícara de chá apareceu outra vez nos estúdios da Radio One, no centro de Londres. Ela a levou consigo a toda parte – até a restaurantes – durante o período de publicidade no Reino Unido. Na verdade, Gaga quase teve uma crise quando perdeu momentaneamente sua xícara – ela a esquecera no restaurante Nobu, em Londres, e mandou um táxi apanhá-la assim que se deu conta do ocorrido.

Os jornais britânicos estavam transtornados, tentando acompanhar os movimentos de Gaga. Chegaram a telefonar para sua gravadora, a fim de comentar sobre a xícara de chá, e receberam uma resposta bem fundamentada da Haus of Gaga: "Lady Gaga não quer revelar nada sobre a xícara, especificamente, mas tomar chá de gengibre é muito bom para cantores".

A remodelação a bordo e a excentricidade de Gaga com sua famosa xícara de chá encantaram os fãs britânicos, assim como sua presença frequente em casas noturnas de Londres usando trajes cada vez mais ultrajantes. Ela tomou drinques no clube Groucho, depois foi até Bungalow 8, um clube noturno ao qual Mark Ronson a

*Alimento popular mediterrâneo feito da mistura de grão-de-bico amassado com pasta de gergelim e temperos. (N. T.)

introduzira quando estivera na cidade, usando uma *lingerie* sensual de chiffon transparente com fita isolante preta cruzada sobre os mamilos – uma moda burlesca, chamada *nipple pasties*.*

Embora fosse tarde da noite, ela ainda estava usando seus famosos óculos escuros e arco nos cabelos, e quando ficou diante de uma multidão de fotógrafos, decidiu jogar com eles seu próprio jogo. Pegou sua câmera Nikon e tirou fotos dos *paparazzi*, antes entrar no automóvel que a esperava e sair em alta velocidade.

Determinada a ficar um passo à frente dos *paparazzi*, Gaga foi a uma entrevista na Capital Radio usando chapéu de pirata preto e óculos escuros. Dessa vez podia estar usando calças compridas, mas ainda levava consigo sua xícara de chá e o respectivo pires. "Minha xícara está tão famosa...", ela comentou. "Até gritei com ela hoje. Eu disse: 'Você está roubando meu trono, vá para a cama!'. Agora você sabe que isso é um recurso de propaganda, e que ela é apenas a minha xícara de chá. É a xícara que gosto de levar a toda parte, porque faz com que me sinta em casa. Tornou-se uma celebridade. Eu tomo muito chá e, às vezes, sinto falta de casa; então, em vez de tomar chá em copos descartáveis, faço isso em minha xícara de porcelana."

Foi uma semana agitada, mas Gaga conseguiu incluir alguma socialização quando saiu para jantar com Mika, uma artista com a qual estava interessada em trabalhar. Vestida com um par de botas de PVC creme amarradas até as coxas, calcinha e sutiã pretos de PVC, um enorme chapéu preto e lábios pintados ao estilo de gueixa, Gaga e Mika jantaram no Hakkasan, no centro de Londres.

Com os jornais enlouquecidos com seus trajes, Gaga se recusava a ser vista usando qualquer coisa menos provocativa. "Estas botas foram feitas para andar", ela escreveu no Twitter depois do seu jantar com Mika.

---

* Coberturas adesivas aplicadas para esconder os mamilos, especialmente usadas em clubes de *strip-tease*. (N. T.)

Se ela chocou pessoas em Londres, não foi nada comparado ao choque que provocou na mídia com seu comportamento em Moscou. Em uma entrevista para a imprensa, antes de *The Fame Ball* ser apresentado em Moscou, as pessoas ficaram boquiabertas diante dos comentários francos de Gaga, que incluíram declarações como: "Gosto de pornografia... Adoro os gays... Minha avó gosta de olhar para minhas pernas quando estou dançando".

No concerto em Moscou, ela continuou chocando, dizendo ao público: "Só há uma coisa da qual gosto mais que de beber: dinheiro! Espero que todos se embebedem esta noite, depois vão para casa e façam sexo!".

Isso era um pouco demais para a conservadora polícia russa, que quase a prendeu no dia seguinte ao show. Vestida com um *collant* de couro, ela posou para fotos na Praça Vermelha de Moscou, mas seu traje indecente chamou a atenção e dois policiais correram na sua direção.

"Eu estava fazendo uma pequena sessão de fotos e, de repente, a polícia surgiu do nada e estalou os dedos", ela disse para o *Sun*. "Acho que isto quer dizer prostituta em russo."

"Na Rússia, tentaram me prender por causa do *collant* de couro na Catedral de São Basílio; mas estava tudo calmo na Praça Vermelha, quando saí do leste rumo a Paris", comentou Gaga no Twitter sobre a discussão com a polícia russa.

Embora a polícia russa não tenha aprovado seu traje, as imitadoras de Gaga usavam *colants* e repetiam suas performances. De volta ao Reino Unido, uma das Girls Aloud e juíza do *X Factor*, Cheryl Cole, entrou no palco em um espetáculo do grupo, em Sheffield, vestida com nada além de um *collant* extremamente reduzido.

No final de abril, Gaga fez mais algumas paradas para shows na Europa, mas nem tudo ia bem em seu mundo. Ainda sofrendo por causa do rompimento com Speedy, ela se sentia ligada a ele e imaginava que jamais teria sorte com homens.

"Tenho total confiança de que sou uma artista e uma *performer* incrível", ela disse ao jornal *Sun*. "Sou extremamente confiante em relação ao meu corpo, à maneira como me visto e como quero aparecer, mas não sou confiante quando se trata de homens. Homens são um terreno desastroso para mim."

"Isso é muito estranho", ela acrescentou. "Acredito que sou muito *sexy*. Acredito que sou incrível, mas não tenho nenhuma sorte com namorados."

Com o coração partido, ela embarcou de volta para a América, pronta para ir em frente com a turnê *The Fame Ball*. Os primeiros shows seriam em sua amada Nova York, e ela estava animada para ver seus amigos novamente. Quando aterrissou, recebeu uma mensagem de texto. Era de Speedy, e dizia que ele estava voando para Nova York para vê-la. Algumas horas depois, tinham feito as pazes e foram flagrados andando de mãos dadas pelas ruas cobertas de folhas de Manhattan.

Gaga causou total comoção em uma loja no Queens, logo após seu retorno a Nova York, quando apareceu de *collant* transparente, usando apenas sutiã e tanga para cobrir seu recato, a fim de comprar *tortellini* para preparar uma refeição para os pais de Speedy. Ele não encarou bem a situação, e até sugeriu: "Por que você não dá uma trepada no corredor de congelados?".

Foi um show repleto de astros. Gaga convidara seus amigos artistas de Nova York, como Lady Starlight, para se juntarem à turnê *The Fame Ball* em alguns shows, e todos ficaram impressionados diante das milhares de pessoas apinhadas no Terminal 5, incluindo várias celebridades que apareceram para assisti-la. Cyndi Lauper, Stephen Klein e Zac Posen estavam circulavam pelos camarotes VIP. Mais excitante ainda para Gaga: Madonna estava nos bastidores, com o namorado Jesus e a filha Lourdes!

"Fiquei totalmente extasiada sabendo que Madonna estava ali", Gaga disse à *MTV News*. "Disseram-me durante toda a semana que ela viria, e eu dizia: 'O.k. O.k.', mas não queria falar no assunto nem comentar com ninguém, porque achava que ela não viria de jeito nenhum."

Naquela noite, Lourdes, a filha de Madonna – evidentemente uma grande fã de Gaga –, usava o traje típico do Fã-clube de Gaga: *leggings* verde-neon e *brogues*,* e dançou durante todo o show. No final, ela e a mãe conseguiram se esgueirar sem ser percebidas, o que deixou Gaga feliz, pois temia que a multidão, caso as visse, poderia tê-las atropelado. O show foi um grande sucesso, e Gaga ficou encantada que a realeza *pop*, como Madonna, tivesse encontrado um tempo em sua agenda ocupada para vê-la.

"Madonna veio ao meu show, mas não precisava ter vindo", disse Gaga mais tarde. "Ela sabe que, quando prestigia alguém com sua presença, influencia positivamente a percepção das pessoas, no caso, em relação a mim. Sempre acho que pessoas assim possuem uma classe real. É realmente maravilhoso da parte delas, porque não precisam fazer isso."

Assim como inspirou Madonna, que veio vê-la se apresentar, o show de Gaga em Nova York também inspirou relações sexuais espontâneas na multidão. "Minha irmã me escreveu, dizendo: 'Madonna estava a cinco metros de distância de mim, e, também perto, havia dois rapazes fazendo sexo.' E lembro-me de ter pensado: 'Uau, é exatamente o que eu queria... Madonna e um ardente sexo gay na plateia!'", ela disse à revista *V*.

• • •

Depois do show, em comemoração, Gaga saiu vestida com um *bodysuit* de chiffon marrom, *nipple pasties* e saltos altíssimos para festejar com o namorado Speedy em um clube de Manhattan.

---

* Sapatos tipo irlandês, de couro cru e salto baixo. (N. T.)

Havia muito a celebrar. "Just dance" acabara de receber o disco de platina na América, e Gaga tinha aparecido em *Dancing With the Stars* e em *The Ellen DeGeneres Show*. Aparecer em *Ellen* foi uma honra particular para Gaga, pois a apresentadora fora uma pioneira do movimento moderno dos direitos dos gays na América, uma causa que lhe era muito querida.

É claro que ela se certificou de que seu traje fosse tão ultrajante quanto possível para o programa de Ellen: macacão inteiriço de *patchwork* de brim, contrariando sua política de "não usar calcinhas", mas, na cabeça, um incrível adereço orbitante feito pelo *designer* inglês Nasir Mazhar. "Você está de aparelho?", brincou a anfitriã.

Gaga não deixou Ellen falar muito antes de soltar: "Eu adoro você. Você é uma enorme inspiração para as mulheres e para a comunidade gay... Significa mais para mim estar neste programa do que em qualquer outro lugar".

Embora no programa de Ellen Gaga tenha apresentado uma versão espetacular de "Poker face" – semiacústica, tocando inclinada, em pé no banco do piano, e semieletrônica, com todos os seus dançarinos –, foi, mais uma vez, seu traje – em particular o adereço da cabeça – que ganhou as manchetes.

Alguns dias depois, um repórter da *Rolling Stone* uniu-se a Gaga: passaria alguns dias com ela na turnê, preparando-se para escrever sua história, que abrilhantaria a capa da edição de junho da revista.

"Eu gosto de fazer isto o tempo todo", ela disse ao repórter. "É a minha paixão. Quando não estou fazendo um show, estou compondo uma canção ou ao telefone com Dada, tagarelando sobre uma roupa. A verdade é que a mulher psicótica que realmente sou surge quando não estou trabalhando. Quando isso acontece, fico louca!"

Speedy também estava viajando com Gaga nessa etapa da turnê, assim como seu amigo-celebridade Perez Hilton. Apesar disso,

Gaga estava deprimida em relação a sua vida amorosa, lembrando-se de como ficara magoada quando rompeu com Lüc.

"Speedy significa muito para mim", ela disse sobre o atual namorado. "Mas minha música não vai acordar amanhã de manhã e dizer que não me ama mais. Por isso estou contente com a minha solidão. Fico bem sozinha. Escolho ter alguém na minha vida quando posso."

Na segunda-feira seguinte, a *Rolling Stone* havia marcado uma sessão de fotos para a capa da revista, quando ela apareceu com um *corselet* de plástico transparente, cabelos frisados e lábios de gueixa. A sessão de fotos transformou-se em um evento repleto de astros, com Cyndi Lauper e Marilyn Manson, que apareceram só para dizer "oi". Em seu tradicional estilo chocante, Manson carregava um copo de absinto – ilegal na América – e era filmado por seu assistente com uma filmadora de vídeo portátil.

No camarim, Gaga olhava o vídeo terminado de "Paparazzi". No seu início, na cena em que ela tem uma relação sexual com o namorado, Manson inclinou-se sobre ela e disse, para o horror do jornalista da *Rolling Stone*: "Quero ser esse cara, quero enfiar fundo minhas bolas".

Gaga riu da ousadia de Manson, e ele tentou de novo, apontando para um cabide e dizendo: "Você vai precisar dele para fazer um aborto depois. Vou lhe fazer um exame cervical". Gaga continuou rindo, mas, do mesmo jeito que tentava provocá-la, Manson era um grande fã do seu trabalho.

"Ela sabe exatamente o que está fazendo", ele disse. "É muito inteligente, não está se vendendo. É uma grande musicista, uma grande cantora, e ri enquanto faz isso, da mesma maneira que eu."

Também presentes à sessão de fotos estavam os pais de Gaga, Joseph e Cynthia; ele ostentando uma nova tatuagem do raio de Gaga, e ela usando um colar com o mesmo elemento. Enquanto assistiam à movimentação e às poses da filha para a câmera, não podiam estar mais orgulhosos do que ela tinha conseguido.

Depois de uma viagem de sucesso pela América, Gaga recolheu seu *Fame Ball* e preparou-se para um longo voo para a Austrália, onde tornaria a se juntar às Pussycat Dolls para a fase australiana de sua turnê *World Domination.* As dezessete horas de Los Angeles para Sidney foi o tempo mais longo que Gaga passou sozinha em seis meses – ela sempre estava apertada em um ônibus com mais dez pessoas. Tirou proveito desse tempo de descanso, e como costumava dormir em média cinco horas por noite, estava de fato excitada por poder dormir durante todo o voo.

Quando saiu do avião, em Sidney, esperava ir até seu automóvel sem ser percebida, mas, em vez disso, teve uma grande e ofuscante recepção de boas-vindas. Achou os *paparazzi* da cidade muito parecidos com os de Londres: insistentes, sempre na frente dela, e pareciam "brotar" onde quer que ela estivesse.

De modo previsível, a mídia australiana ficou confusa quando ela apareceu para entrevistas em roupas normais, ou seja, *colants, corselets*, calcinhas *sexy* e botas até os joelhos. "A concepção mais equivocada a meu respeito é achar que sou um personagem ou uma persona", ela disse ao *Sydney Morning Herald.* "Acham que quando as luzes e as câmeras são desligadas eu me transformo em abóbora. Isso simplesmente não é verdade. Eu faço música, arte e *design* o dia todo. Sim, eu me lavo e vou dormir, mas quando estou acordada sou sempre Lady Gaga."

Como a popularidade de Gaga aumentaara muito desde o início do ano, a mídia especulou, dizendo que as Dolls estavam furiosas com a recente notoriedade de Gaga, e aborrecidas porque ela poderia superá-las no palco, mas isso foi apenas um alarde mentiroso. As Dolls negaram todas as alegações dos tabloides, e Gaga as apoiou, dizendo que todas se entendiam muito bem na turnê.

"Não sinto isso com relação às Pussycat Dolls", disse Gaga a um fã australiano. "Gosto muito delas e lhes sou muito grata por terem me apoiado. Elas me levaram por todo o mundo. Adoro Nicole

[Scherzinger], e elas são muito meigas e muito *sexy*. Tenho muita sorte de fazer uma turnê com essas jovens maravilhosas", acrescentou.

No entanto, a mídia não levou em consideração nada disso. *The Age* publicou uma crítica do seu show dizendo: "Os fãs ficam loucos enquanto Lady supera as Dolls". O *Herald Sun*, por sua vez, proclamava: "Lady Gaga supera as Pussycat Dolls na Rod Laver Arena". Ao que parecia, os olhos da mídia e dos fãs estavam focados apenas em Gaga. Os jornalistas ficaram entusiasmados com seu show, particularmente com o traje feito de jornal, com sua entrada em uma Vespa e, é claro, com sua instalação de bolhas.

"Parte um gênio do marketing; parte um projeto de arte, Gaga provou ser uma incrível *performer* ao vivo", *The Age* publicou. "Isso fez a ex-trupe burlesca transformar-se em grupo *pop*... as Pussycat Dolls foram uma total decepção quando entraram no palco e começaram a girar ao som da fita de fundo de R&B... Mas, pelo menos, elas podem dizer que um dia apoiaram a grande Lady Gaga."

"As famosas Dolls cobrarem de seus fãs (principalmente jovens) até 140 dólares para as assistirem cantar sucessos em estilo karaokê, sem uma banda ao vivo, é de cair o queixo", escreveu o *Herald Sun*, enquanto justificava Lady Gaga como sendo "uma jovem artista de apoio", cantando ao vivo sobre gravações de fundo. O repórter do *The Herald Sun* não era, em absoluto, fã das Dolls. "E todos aqueles trajes e movimentos de dança de clube de *strip-tease* completados com postes não conseguiam disfarçar os recursos de produção baratos e desagradáveis... Os efeitos pirotécnicos pareciam mais chamas de isqueiro, e as imagens na tela de vídeo eram constrangedoras."

Embora se sentisse envaidecida por toda a atenção, Gaga fazia questão de pagar seu tributo às Dolls em todas as entrevistas, recusando-se a falar mal delas. "Não sei se alguém sabe disso, mas nunca falei mal de ninguém na imprensa. Nunca. E nunca falarei", ela disse em uma entrevista na Austrália. "E isso porque acredito no bom carma artístico: estamos todos aqui para apoiar uns aos outros, e falar mal um do outro não beneficia ninguém."

Apesar disso, vez por outra ela teve sua paciência testada por jornalistas de rádio insistentes. Em uma entrevista para a Nova 96.9, em Brisbane, o DJ parecia interessado apenas em saber quanto dinheiro ela estava ganhando, e não escutou quando ela lhe disse que gastava todo o seu dinheiro nos shows ao vivo.

"Durante todo o primeiro ano da minha carreira, fiz sempre dois shows por noite, e usava o dinheiro do segundo show para pagar a tecnologia e os cenários do primeiro", ela explicou, quando indagada pela segunda vez sobre quanto ganhava.

"Mas agora que estou começando a ganhar dinheiro – como não dou importância a ele –, gasto tudo o que ganho em meus shows. Não estou rodando por aí em Range Rovers nem em Rolls Royces, mas tenho roupas maravilhosas e um show de palco."

O apresentador, porém, não desistia. Queria saber se ela estava investindo para o futuro, se havia alguma conta bancária de alta rentabilidade em algum lugar.

Houve um segundo de silêncio. Gaga, então, compôs-se e disse: "Talvez eu não tenha as mesmas prioridades que os cantores *pop* conhecidos, como comprar carros luxuosos, casas grandes e ostentar sua riqueza. Não me importo com essas coisas, mas sim com meus shows".

Foi uma entrevista estressante. Para aumentar suas preocupações, nos Estados Unidos o vídeo de "Paparazzi" vazara para a internet semanas antes do que deveria! Gaga ficou furiosa. Ela tinha passado tanto tempo trabalhando naquele vídeo, e agora via-se privada do prazer de desvelá-lo. Recorreu ao Twitter, para retaliar: "Parem de vazar as merdas dos meus vídeos".

Para contornar a chegada do vídeo à internet antes do previsto, Gaga decidiu que a melhor coisa a fazer era agir rápido. Chamou seu amigo Perez Hilton de volta a Los Angeles e perguntou-lhe se poderia lançar o vídeo rapidamente em seu *blog*. E ali o vídeo estreou e foi visto por milhares de fãs em todo o mundo.

Apesar do vídeo e dos problemas com a imprensa, Gaga conseguiu continuar sua visita à Austrália relativamente ilesa, desfrutando do resto do tempo ali. A turnê foi cansativa, para dizer o mínimo. Nesse período, uma amiga de infância, que conhecia desde os 4 anos de idade, voou para a Austrália a fim de passar alguns dias com ela, e ambas se divertiram, fazendo turismo... até encontraram tempo para ir ao zoológico e segurar um vombate.* Entretanto, apesar da visita da amiga, Gaga estava exausta, precisando descansar. Por isso a gravadora lhe concedeu, e aos demais *performers*, uma bem merecida semana de folga. Entretanto, em vez de ir para casa visitar a família, Gaga embarcou em um avião e foi para o Havaí, com os *paparazzi* loucos atrás dela.

* Marsupial australiano, com aparência de urso musculoso, pequeno e de pernas muito curtas. (N. T.)

Capítulo Vinte e Um
Uma saída romântica

Gaga foi recebida no aeroporto de Honolulu pelo modelo e namorado Speedy, que esperava por ela com um buquê de flores. Quem estava por lá viu os dois se abraçarem antes de entrarem rapidamente em um automóvel que os esperava e correr para o hotel.

Nem no Havaí eles conseguiram ficar sozinhos. Embora tenham escapado para uma praia isolada, os *paparazzi* os seguiram até lá, onde tiraram algumas fotos da princesa do *pop* em uma moda natural, usando biquíni preto, camisa preta longa e sandálias de dedo.

Gaga, no entanto, só tinha uma coisa em mente: conseguir algum amor do seu homem.

Pouco antes de deixar a Austrália, houve rumores de que, devido à programação intensa de sua turnê, ela tinha terminado o relacionamento com Speedy, dizendo que não havia tempo para homem em sua vida. Mas eles certamente pareciam estar se divertindo no Havaí. Depois, Speedy voou com ela para a Ásia, onde ela fez as primeiras apresentações no Japão, em Cingapura e na Coreia.

De volta aos Estados Unidos, os discos de Gaga iam cada vez melhor nas paradas, com seu primeiro *single*, "Just dance", tornando-se a quinta canção a atingir a marca de quatro milhões em *downloads* pagos, enquanto o segundo, "Poker face", estava um pouco atrás, com três milhões de *downloads* vendidos. Enquanto isso, seu álbum *The Fame* atingia a décima quarta semana entre os dez primeiros em The Billboard 200.

Como se isso não fosse o bastante, Kanye West, um grande defensor de Gaga desde que viu sua performance no Terminal 5, em Nova York, fez um anúncio especial a respeito de algo que ele e Gaga vinham trabalhando em segredo. Eles planejavam uma turnê juntos, mas Gaga não poderia ser abertura para Kanye, nem seria viável uma turnê com duas figuras de proa. O que Gaga e Kanye planejavam era um magnifico espetáculo ao vivo, no qual a dupla se apresentaria junto em parte de um longo show.

"Ela é tão talentosa e tão incrível que não pode ser um show de abertura", ele disse à MTV. "Vamos fazê-lo juntos, sem nenhum show de abertura." Kanye chamava Gaga de "a nova Madonna". Tinha fé total nela como compositora e *performer*, e sabia que sua turnê enlouqueceria as pessoas.

Foi uma megassemana para Gaga. Ela celebrou no Japão com um grande show, e desfrutou de seu tempo livre comendo toneladas de *sushi* com sua trupe.

Terminada sua turnê de três shows na Ásia, Gaga voltou para a América do Norte, onde estava programada sua apresentação no MuchMusic Video Awards, em Toronto, em 21 de junho. Embora o vídeo de "Poker face" tivesse sido indicado para o Vídeo Internacional do Ano, ninguém ficou mais surpreso que Gaga com essa vitória. Depois de aceitar o prêmio de maneira graciosa, Gaga não tinha muito tempo antes de sua performance, de modo que foi direto para os bastidores para se preparar.

Querendo que aquela performance ao vivo se destacasse das outras, a MuchMusic deu a Gaga um enorme orçamento para construir um cenário elaborado, que parecia um mundo futurista pós-apocalíptico. Com a trupe de dançarinos vestidos de couro, Gaga entrou cantando "LoveGame", e irrompeu no palco ao som de gritos. Depois, passou diretamente para uma versão remixada de "Poker face".

Gaga trabalhou muito na performance durante toda a semana, ensaiando sem descanso com seus dançarinos e a coreógrafa Laurie-Ann Gibson, e experimentando alguns dispositivos curiosos de seu novo traje, que, no fim, faziam-na lançar fagulhas do sutiã!

"O MuchMusic Awards com meus melhores amigos", ela disse no Twitter. "A Haus está trabalhando febrilmente. É um longo caminho para o topo quando se quer o rock'n'roll."

Pode ter sido um longo caminho para Gaga chegar ao topo, mas, agora que estava lá, a multidão se agitava em cada segundo de seu show. As pessoas estavam totalmente enlouquecidas, chorando, gritando e cantando para ela.

A noite correu realmente bem, mas a festa que aconteceu depois foi um evento do qual Gaga jamais se esquecerá. Após a entrega dos prêmios, todos os astros e estrelas se dirigiram ao clube noturno Cobra, em Toronto, mas, então, fora do clube houve uma confrontação e se iniciou uma briga. Tudo aconteceu tão depressa, era impossível ver o que acontecia, mas alguém atingiu no rosto o amigo de Gaga, Perez Hilton.

Sempre apaziguadora, Gaga tentou se interpor entre eles e parar a briga. "Rapazes, parem com isso!", ela gritou. "Vamos! Tivemos uma noite tão bonita!"

Infelizmente, suas palavras não foram suficientes para deter a briga. Perez achou que tinha sido atingido por Will.i.am, a figura de proa dos Black Eyed Peas, e colocou no Twitter fotos de seu rosto ensanguentado, exigindo que a polícia prendesse Will. "Fui atacado por Will.i.am, dos Black Eyed Peas, e seus seguranças", escreveu Perez no Twitter. "Estou sangrando. Por favor, preciso fazer uma ocorrência na polícia. Não estou brincando."

Poucas horas mais tarde, Will.i.am acionou sua conta no Twitter para contar às pessoas o que havia de fato acontecido naquela noite. "Perez Hilton é um mentiroso", ele disse, e então filmou um curto videoclipe para negar as acusações.

Segundo Will.i.am, toda a confusão começou quando a cantora Fergie, dos Black Eyed Peas, perguntou a Perez se ele tinha alguma coisa contra ela, porque ele havia dito muitas coisas negativas a seu respeito no *blog*, sem mencionar a crítica mordaz à música dos Black Eyed Peas.

Embora Gaga nunca tenha sido alvo da língua ferina de Perez, ele, com frequência, dizia coisas negativas sobre celebridades em seu *blog*, o que deixava muita gente zangada.

Embora lamentando ter sido testemunha de tal confusão, Gaga não teve tempo para se deter sobre o assunto, porque a turnê *The Fame Ball* estava voltando para a Europa, para tocar em alguns festivais e em algumas programações europeias. Primeiro, voltou para o Reino Unido, onde estava programada sua apresentação no Glastonbury Festival e em outros locais, como a abertura para Take That, a banda de rapazes britânica.

Os ensaios para Glastonbury foram incansáveis. Muitos fatores novos tinham de ser levados em conta, como o tamanho de palco diferente e o imprevisível clima britânico. Este era o primeiro show de Gaga com uma banda tocando ao vivo. Embora parecesse que seria um festival seco, o local estava escorregadio devido à lama, e, por isso, Gaga decidiu usar um par de galochas com salto, para garantir sua firmeza no palco durante toda a performance.

Na véspera do festival, parecia tudo certo em relação aos ensaios, mas Gaga não parecia bem. O diretor de criação, Matt Williams – o Dada, da Haus – perguntou-lhe o que estava acontecendo, e ela disse que queria tocar um keytar* no palco. "Tenho de tocar. Do contrário, a performance ficará toda errada."

O pessoal de palco suspirou. Todos estavam acostumados a mudanças de última hora, mas esta era drástica demais. Dada trabalhou incansavelmente para elaborar o keytar, enquanto Gaga trabalhou as mudanças na coreografia, o que fez mudar toda a dinâmica do show que haviam trabalhado tanto para fazer funcionar. Mas Gaga ficou satisfeita; com frequência eram decisões em cima da hora, como esta, que funcionavam melhor no palco.

Gaga começou o show emergindo de uma caixa prateada, aberta pelos dançarinos, cantando a canção "Paparazzi". Vestindo uma roupa faiscante, em estilo robô, ela ficava em pé em uma plataforma giratória com o keytar, tocando-o até o fim da canção, enquanto a plataforma girava, mostrando suas costas para o público, que delirava. Depois, saía correndo do palco para várias mudanças de roupa, deixando a banda tocando. Ela tinha quase tantas roupas quanto canções. Durante o show, mudava para um vestido de látex vermelho, para um corselet preto, para o vestido-instalação de bolhas e o sutiã cor-de-rosa.

Quando terminou de cantar "Boys Boys Boys", Gaga caminhou até a frente do palco e dirigiu-se aos fãs. "Como vão vocês, meus monstrinhos? Estão se divertindo?" O público delirou, enquanto Gaga se deitava sobre uma Vespa azul e era empurrada pelo palco pelos musculosos dançarinos. "Sabem, eu estava pensando sobre a minha experiência com festivais, e sei exatamente como vocês estão se sentindo agora. Estão cobertos de lama, transpirando e cheirando mal... Mas, sabem de uma coisa? Está tudo bem, porque participar de um festival é sofrer por seu amor à música!"

* Intrumento musical semelhante a um teclado ou sintetizador, mas com um formato que lembra uma guitarra. Daí seu nome (KEYboard + guiTAR). (N. T.)

Depois de outra troca de roupas, Gaga colocou o sutiã lança--centelhas que usou no MuchMusic Awards, em Toronto, e lançou fogo dos seios durante o refrão de "Eh eh". Então, terminou seu show com a famosa instalação de bolhas enquanto cantava "Poker face".

Gaga provocou um enorme tumulto e inspirou as aspirantes ao trono de princesa *pop* a aumentarem o nível de ultraje de suas roupas para conseguirem ficar à sua altura. A londrina Lily Allen assumiu o palco usando um macacão revelador e peruca cor-de-rosa, mas esse não era nem um remendo no guarda-roupa de Gaga.

Nos bastidores, no entanto, só havia tristeza. Tragicamente, um dos heróis de Gaga – Michael Jackson – falecera pouco antes do início do festival. Transtornada pela tristeza, ela fugiu de todas as entrevistas antes da sua estreia em Glastonbury, e passou horas ao telefone com o produtor RedOne, na América. Segundo o jornal *Sun*, "Gaga estava histérica de tristeza. Estava inconsolável, e passou o dia falando ao telefone com seu produtor RedOne, na América. Juntos, haviam escrito os sucessos "Poker face" e "Just dance", e, recentemente, ele estivera trabalhando um novo material com Michael, ele próprio também agora transtornado."

Gaga ficou tão abalada com a morte de Michael Jackson, que, apesar de ter sido sensacional em Glastonbury, não conseguiu se recuperar para cumprir o segmento de apoio no *tour* do Take That, entrando, segundo o *Mirror*, em um colapso de exaustão nos bastidores. Embora a razão oficial fosse doença, espalhou-se o rumor de que ela não poderia se apresentar porque ficara totalmente transtornada com a morte de Michael Jackson. "Realmente, não sei em que mundo vou continuar a fazer música sem Michael", ela disse mais tarde em uma entrevista na Alemanha.

A gravadora de Gaga declarou que ela não estava se sentindo bem no sábado e, após ser examinada por seu médico, decidiu que não conseguiria se apresentar com o Take That no Old Trafford.

Declarou, também, que Gaga estava repousando por ordens médicas, mas que se juntaria ao Take That em Wembley, no próximo fim de semana.

Gary Barlow ficou terrivelmente aborrecido com a decisão de Gaga, principalmente porque, antes de decidir que não se apresentaria, ela até tinha feito uma checagem do som! "Não me faça começar. Você deveria ter me ouvido nos bastidores", ele disse aos fãs.

Depois de passar um dia inteiro na cama, Gaga não conseguia ficar sentada nem mais um segundo. Levantou-se e saiu para fazer mais trabalho de caridade, dessa vez para o Orange RockCorps, onde se juntou a cinco jovens em um centro de apoio de Manchester para pessoas afetadas pelo vírus HIV. Trocando o microfone por um pincel, Gaga ajudou os outros voluntários a transformar um estacionamento vazio em um jardim vibrante e viçoso, que estaria aberto para quem quer que tivesse sido afetado pelo HIV. E os voluntários, em troca de seu tempo, receberiam ingressos para concertos exclusivos, como para a apresentação de Gaga no Manchester Apollo, no final do mês.

Em um estilo tipicamente Gaga, a garota de Nova York atraiu muita atenção para o projeto de Manchester, principalmente por causa da sua roupa, que incluía um grande chapéu em forma de botão, feito de cabelo.

Mas nem tudo eram rosas no jardim de Gaga. Depois de cair de exaustão antes do concerto do Take That, as pessoas próximas temeram que estivesse caminhando para um colapso nervoso. Corria o boato que Gaga fora encaminhada para reabilitação; na verdade, porém, apenas dois dias depois de ter "desabado", ela foi vista bebendo no bar do Lowry Hotel, o que, ao que tudo indica, não repercutiu muito bem com os rapazes do Take That.

A presença de Gaga no Reino Unido estava causando total agitação na mídia, com os tabloides aproveitando a oportunidade para tirar proveito sempre que pudessem. Kelly Osbourne foi citada na seção 3a.m.* do *Mirror* como tendo dito: "Ela tem uma cara feia; tem tudo, menos cara. Ela me lembra Peaches Geldof.** Adoro as músicas de Lady Gaga, mas gostaria que ela ficasse de boca fechada. Ela fala demais e tem atitude demais, e isso está me deixando cansada dela."

A pobre Kelly ficou louca quando viu sua declaração na internet no dia seguinte, e falou com Perez Hilton, amigo de Gaga, para consertar as coisas. "Eu tenho uma língua comprida, e isso não é segredo", ela disse. "Com frequência falo coisas que me causam problemas, mas sempre as confirmo. Mas, quando colocam palavras na minha boca e publicam coisas que não falei, fico realmente louca. Sou uma enorme fã de Lady Gaga. Digamos que tenho um pouquinho de inveja de seu guarda-roupa, mas, definitivamente, não estou em posição de chamar ninguém de feio."

Felizmente para Kelly, Gaga sempre reagiu com muita polidez a quaisquer comentários sobre ela. E também estava muito ocupada. Enquanto estava em Londres, apresentou-se em dois shows de abertura para o Take That, no Wembley Stadium, sem problemas para se apresentar desta vez. Também conseguiu arranjar tempo em sua programação frenética para tomar lições com a Rainha do *Pop*, indo ao show de Madonna para assistir à performance de um de seus ídolos.

Também fez algumas fotos audaciosas para as revistas *Maxim* e *V*, e fez até mesmo um pequeno traje de bebê para seu produtor, RedOne, cuja companheira havia acabado de dar à luz. Entretanto, não revelou nenhum detalhe sobre a turnê com Kanye West, limitando-se a declarar que seria um dos momentos mais importantes da música. "Eu realmente adoro Kanye", ela disse. "Sempre debocho dele e falo coisas engraçadas sobre ele, mas temos um

* Seção de fofocas da edição eletrônica do periódico britânico *The Daily Mirror*. (N. T.)

** DJ e apresentadora da televisão britânica, filha do lendário roqueiro Bob Geldof. (N. T.)

relacionamento criativo e adorável. Ele é muito meigo. Impossível fazer elogios suficientes a seu respeito. Ele é, inegavelmente, brilhante."

Embora os boatos sugerissem um romance entre Gaga e Kanye, ela gostava de manter o relacionamento puramente profissional. Já tendo sido tão magoada em sua vida amorosa, Gaga de modo algum arriscaria aquela essa amizade. Em sua opinião, o homem perfeito para ela era Beethoven, o inatingível, posto que estava morto! E embora continuasse se encontrando com Speedy, nunca se referia a ele como seu namorado.

"Sou uma garota solteira, gosto de me divertir", ela disse, acrescentando depois, em tom de brincadeira: "Prefiro dormir só com os rapazes da banda, porque é mais fácil." Embora se sentisse fisicamente atraída por mulheres, Gaga nunca esteve apaixonada por uma, mas todos os seus namorados tinham reações incrivelmente negativas às suas tendências lésbicas. "O fato de eu me sentir atraída por mulheres os intimida", ela disse à *Rolling Stone*. "Isso os deixa pouco à vontade. Eles dizem: 'Não preciso de uma terceira pessoa, sou feliz apenas com você'."

Gaga também falou ao *Mirror* sobre o vício de comprar compulsivamente roupas e adereços para seus shows.

"Já fiquei falida umas quatro vezes. Meu agente quer me matar", ela brincou. "Cada dólar que ganho vai para o show. Agora, enfim, estamos chegando a um ponto em que não há falência. Daqui a pouco, com a preparação de uma nova turnê se aproximando, provavelmente vou virar novamente sem-teto!"

Com vários eventos estonteantes planejados para o verão, Gaga e a Haus estavam ocupadas, criando mais trajes ultrajantes e fazendo todo o possível para garantir que ela fosse o assunto de todos.

Capítulo Vinte e Dois
Moda e música

Depois de fazer tantos shows, Gaga pôde finalmente realizar seu sonho de criar uma moda louca e usar um traje diferente quase todos os dias da semana. Em julho superou-se, apresentando-se com trajes ainda mais ultrajantes, e com isso se mantinha quase todos os dias na mídia.

Ela se apresentou em Malta, na *Isle of MTV*, mas o que despertou comentários não foi o show, e sim o que ela vestiu para a entrevista coletiva que concedeu à imprensa para falar sobre o show: um vestido de couro preto salpicado de tachas, nada particularmente notável em se tratando de Gaga, e, no rosto, uma máscara negra, que parecia uma atadura – e foi esse acabamento de seu traje, exatamente, o que chamou a atenção. Ela sempre soube como atrair a atenção das pessoas.

Os jornalistas ficaram boquiabertos quando ela entrou na sala e se sentou. Parecia que ela não conseguiria enxergar onde estava, e ninguém conseguia ver seu rosto. Mais tarde, abundaram teorias conspiratórias, afirmando que não era Gaga quem estava por trás da máscara, embora não houvesse mais ninguém no mundo *pop* com a audácia de se apresentar para uma entrevista coletiva sem mostrar o rosto.

Na Dinamarca, ela apareceu para uma sessão de autógrafos usando uma espécie de chapéu em forma de colmeia, feito de cabelo lilás, *collant* cor da pele e blazer branco. Em Paris, foi vista com uma saia reta de látex, sutiã e guarda-chuva, embora não estivesse chovendo. "Em Paris, café e cigarros, assistir um show de Jean-Paul Gautier e salivar como um *gangster* da moda faminto", ela disse sobre a capital francesa no Twitter. "*C'est genial*. Adoro!"

De volta ao Reino Unido, Gaga estava sempre um passo à frente dos *paparazzi* britânicos em suas escolhas de moda. Seu agente lhe disse para ser especialmente cuidadosa com os *paparazzi* britânicos, pois eram conhecidos por serem mais grosseiros e invasivos que a imprensa de qualquer outro país. Desde seus dias de dançarina *go go*, Gaga estava acostumada a se trocar em qualquer lugar, às vezes até debaixo da mesa, mas seu agente a advertiu para sempre fechar as cortinas, pois nunca se podia saber onde os *paparazzi* britânicos estariam escondidos.

Sabendo que a estariam sempre seguindo, ela usava combinações cada vez mais loucas quando saía à rua. Em Manchester, foi vista usando um vestido de Jean-Charles de Castelbajac preto e rosa com uma fenda reveladora e óculos escuros em estilo retrô.

Em Hamburgo, a primeira dama do *pop* certificou-se de que ninguém soubesse quem era quando entrou em um bar depois de um show usando apenas *lingerie*. Fontes do *Women's Wear Daily* relataram que estava muito bêbada, soprando beijos no ar e caindo, mas conquistando o amor dos presentes e pagando drinques para todos.

Sempre dedicada a seus fãs, Gaga chegou a convidar alguns membros do Fã-clube de Gaga para ir aos bastidores em seu show em Colônia, em 17 de julho. As pessoas começaram a fazer fila do lado de fora do Palladium às nove horas da manhã, determinadas a ficar bem na frente quando a porta se abrisse, às seis e meia da tarde. Vendo alguns fãs totalmente enlouquecidos durante sua apresentação, ela os presenteou com óculos escuros e disse ao pessoal da segurança que lhes permitisse o acesso aos bastidores depois do show, pois os estava convidando.

Terminado o show, os musculosos leões de chácara tiraram quatro fãs afortunados das barreiras e os levaram até os bastidores, onde tiveram de esperar vinte minutos. Por fim, o guarda-costas de Gaga chegou para buscá-los e levá-los ao camarim da estrela. Gaga os abraçou e disse que, em geral, não pedia para ver fãs depois dos shows, mas como percebeu que tinham ficado totalmente enlouquecidos, quis lhes agradecer pela devoção. Tirou fotos com todos e disse-lhes que, como havia rumores na imprensa, ela estava realmente planejando relançar seu álbum *The Fame*, mas como um lançamento ampliado, intitulado *The Fame Monster*!

Gaga disse a Troy, seu agente, que realmente queria lançar logo algumas novas músicas. Estava apresentando as mesmas músicas há quase dois anos – algumas, há três – e, como artista, estava começando a achar que precisava compor mais. Não queria ficar estagnada; tinha uma necessidade constante de criar.

Por certo, a experiência estava pesando em sua mente. "Agora estou escrevendo música nova. Música monstro", escreveu ela no Twitter. "Leve-me ao estúdio mais próximo e vamos sonhar nos cafés."

"Estou sempre compondo", ela disse ao *Newsbeat* da BBC. "Como estou sempre trabalhando em outras coisas, compor começa a parecer algo menos importante, mas estou sempre compondo também... Tenho certeza de que vou escrever algumas canções, e logo vou divulgar."

"Quando a inspiração vem, você tem de estar pronto para aproveitá-la e saber o que fazer com ela. Eu digo assim: 'Todo mundo fora, preciso de um minuto!'. De vez em quando, você tem de estar sozinho e certificar-se de que o lugar em que está propiciará a gravação ou a composição de uma canção."

Sua veia criativa estava tão em alta, que corriam rumores de que ela poderia ser convidada a participar do júri de programas como *X Factor* ou *American Idol*. Mas Gaga não dava importância a boatos e declarou o que pensava: "Nunca fui convidada para participar do júri de um desses programas, mas, se me convidassem, eu não aceitaria", declarou.

"Não acredito que seja certo julgar música, pois música é algo muito pessoal. Atualmente, estou possuída por esta incrível energia instintiva para compor melodias alegres, e não sei de onde isso está vindo."

O amor de Gaga pelos fãs não conhecia limites. Talvez isso acontecesse porque, como ela estava sempre em movimento, os fãs fossem a única constante em sua vida. "Estou em turnê há dois anos; não vale a pena gastar dinheiro com um lugar para morar", ela disse ao *News of the World*. "Por isso desisti do meu apartamento em Nova York. Neste momento, devo admitir, estou sem raízes. O único refúgio que tenho é meu ônibus... Às vezes, acho que meus fãs são tudo o que tenho. Tornei a perceber isso recentemente, quando li a carta de uma garota que me escreveu apenas para dizer o quanto me ama. Eu simplesmente chorei."

Da veia musical criativa às roupas, Gaga alterou drasticamente sua consciência de moda em Londres, a fim de manter os fotógrafos fazendo suposições. Foi vista usando orelhas de coelho rendadas e vestido de tricô de Alexander McQueen com enormes rolos negros em volta do corpo. Em outra ocasião, usou roupas com fins beneficentes, carregando um ursinho da BBC Children in Need Pudsey na mão, embora ostentasse um vestido florido, luvas brancas e chapéu de palha. Também foi vista usando saia balonê com estampa do Animal, personagem de *The Muppets*.

Suas roupas de palco também estavam se tornando cada vez mais elaboradas. Em 11 de julho, Gaga tocou no maior festival da Grã-Bretanha, T In The Park, e provocou alguma agitação na audiência escocesa com vestidos com bolas de espelho, *collants* de contas com recorte ousado na frente, máscaras, movimentos de dança vigorosos, Vespas e seu famoso piano-instalação de bolhas.

Gaga disse também algumas palavras de motivação para a multidão que estava ali, sob um sol escaldante: "Sei que tem muita gente aqui, que vocês estão com calor e transpirando muito. Mas sabem o que têm de fazer? Erguer os braços e dançar!" E, em seguida, começou a apresentar "Beautiful, Dirty, Rich".

"O que mais gosto em festivais – porque costumava ir a todos, sempre –, é que eles são um equalizador", ela acrescentou. "Hoje, não há nada mais importante que amor e música. E, nesta noite, vocês vão gastar todo o seu dinheiro em comida, bebida e prostitutas!"

Além de se apresentar em festivais, Gaga cumpriu a promessa e apresentou-se no show do Orange RockCorps, em Manchester – uma apresentação gratuita para recompensar os voluntários que haviam ajudado naquele e em outros projetos na cidade. Gaga e o grupo The Enemy se apresentaram para 3 mil voluntários. Ela não poupou detalhes ao público, tratando-o exatamente como se fosse o público do *Fame Ball*, show com o qual estava viajando.

"Quando eu era criança, sonhava que um dia seria uma estrela, e, esta noite, quero que todos que dedicaram quatro horas de seu tempo se sintam como astros e estrelas – e mal posso esperar para fazê-los dançar sem calcinhas", ela disse antes do show. "Quero tornar a caridade e o voluntariado elegante e bacana. De fato, acredito no poder dos jovens, e que a música pode ser uma força, sempre."

A obsessão de Gaga pelos Muppets assumiu o centro do palco quando ela apareceu para uma entrevista na televisão britânica vestindo um casaco com estampa do Caco, o sapo de *The Muppet Show*. Feito por um dos *designers* de moda preferidos de Gaga, Jean Charles de Castelbajac, o *top* aveludado verde era decorado com dezenas de Cacos, e Gaga também usava uma cara do Caco na cabeça, combinando com o casaco.

Gaga já tinha sido manchete em diversos periódicos por causa do hábito de não usar calcinha e do vício em látex, mas o traje do sapo Caco era algo de outro planeta. A mídia ficou totalmente desconcertada, e coube à própria Lady explicar a razão de ter escolhido usar aquele traje para sua entrevista. "Eu realmente adorei esta roupa, porque achei que levantaria a questão de não usar pele... Odeio peles... Não uso peles", disse Gaga, mais tarde, a Ryan Seacrest.

Em outras tentativas para explicar suas escolhas de moda, Gaga simplesmente disse aos repórteres que tudo o que fazia era arte performática. "Tudo o que vocês me veem fazendo é, de algum modo, extraído e inspirado por essas visões em meu cérebro, que ocorrem devido à maneira como levo minha vida", ela disse no T In The Park. "Eu apenas vivo e respiro arte todos os dias, e me considero uma artista performática. Todas as vezes que vocês me veem é performance. Quando estou dormindo, é performance."

As explicações não ajudaram muito os confusos jornalistas, que estavam acostumados com celebridades bajuladoras e vazias, que constituíam um alimento fácil para os *paparazzi*. Essas celebridades vão a festas, gastam quantidades incríveis de dinheiro em drogas e álcool, compram carros enormes e casas na praia e vivem os estilos de vida convencionais de celebridades. Gaga era um conceito completamente estranho para eles. Embora se vestisse com trajes ultrajantes, a maneira que usava para chocar era completamente diferente dos membros da A-list,* que não usavam roupas de baixo para ganhar manchetes, caso os *flash* dos *papparazzi* mostrassem isso quando saíam de um automóvel. Ela transformou uma xícara de chá em um acessório de moda e usava roupas feitas com os bonecos dos Muppets. Gaga nunca pensou a respeito de si mesma como uma pessoa convencionalmente bonita, e tirava proveito do fato de usar trajes elaborados e criações de moda artísticas, improváveis de já ter sido vistos por alguém.

* Termo que faz alusão aos astros mais ricos e famosos de Hollywood. (N. T.)

"Eu olho para fotos minhas e acho que pareço um transexual! É impressionante!", ela disse, brincando, à revista *Fab*. "Pareço Grace Jones, andrógina, robô, rainha da moda do futuro. Não é *sexy*. É gráfico, é arte. Mas isso é que é divertido. Bem, sim, eu tiro as calcinhas, mas o que tem demais se você está sem calcinhas, mas está com ombreiras de vinte centímetros, capuz, batom preto e óculos com aplicação de pedras? Não sei. Isso para mim é *sexy*. Mas, de fato, não acho que alguém fique excitado olhando para isso. Acho que as pessoas ficam confusas, e talvez um pouco assustadas."

Embora a mídia possa ter ficado confusa – e um pouco assustada –, cada vez mais pessoas percebiam quanta atenção Gaga estava obtendo devido às suas roupas, e houve uma onda de celebridades imitando-a. Uma delas foi Rihanna, que chegou para as celebrações do Independence Day com apenas estrelas de lantejoula prateada coladas nos mamilos. Em outra ocasião, a cantora foi flagrada usando fita isolante formando um "X" sobre os mamilos, algo que Gaga já fizera em abril.

A regra de não usar calcinhas foi outra tendência da moda de Gaga adotada por várias celebridades. Em julho, na tentativa de superar a garota de Nova York, muitas delas foram vistas circulando de calcinhas grandes e *collants*. No T In The Park, várias estrelas *pop* tentaram recriar para si o *look* excêntrico de Gaga. Lily Allen apresentou-se de calcinhas com estampa de leopardo, meia-calça brilhante e *top* preto bufante, enquanto Katy Perry mal conseguia cobrir seu recato com um minúsculo traje xadrez.

Daisy Lowe e ZoeSalmon foram vistas na cidade usando macacões justos com estampa de leopardo, da Agent Provocateur, enquanto Pixie Lott e Sasha Fierce, *cover* de Beyoncé, apresentaram o *look* do *collant* no palco. E sempre pronta para captar qualquer efeito dominó de estilo, a modelo Jordan usou um espalhafatoso *collant* de lantejoulas no lançamento de seu livro, dando-nos um excelente exemplo de como não usar o *look*.

As imitações não paravam aí. As estrelas gêmeas do *pop* romeno, The Cheeky Girls, de fato se vestiram como Gaga para uma sessão de fotos na revista *Closer*, usando perucas loiras, meias-calças rendadas e *collants*. “Somos grandes fãs dela, ela é fantástica”, disse Monica à *Closer*. “Queremos nos vestir como Lady Gaga, porque ela é conhecida por sua maquiagem e roupas maravilhosas. Nós também adoramos aparecer bem vestidas no palco, é parte da performance.”

Embora muitas celebridades estivessem usando Gaga como referência de moda, ela mesma admitia espontaneamente que se inspirava em muitas fontes diferentes. Jornalistas de música mais experientes diziam alegremente que ela, de fato, tomara emprestado muitos de seus *looks* do *glamour* dos anos 1970, do artista Andy Warhol e de astros *pop* como David Bowie, Grace Jones e da própria Madonna, a Rainha do *Pop*. Mas fontes próximas de Britney Spears, uma das primeiras princesas do *pop*, disseram que a estrela de “Toxic” estava ficando aborrecida com Gaga por estar roubando seus *looks*! Britney já circulava de roupas íntimas pelos palcos há quase uma década, e, aparentemente, estava preocupada que Gaga estivesse seguindo suas pegadas.

“Por um lado, Britney aprecia que Gaga se inspire em sua aparência, porque isso é sinal de respeito, mas preocupa-se que Gaga esteja invadindo seu território”, disse uma fonte à revista *Star*. “Enquanto isso não roubar totalmente seu sucesso, tudo bem.”

Os *blogs* de moda que comentavam sobre a saga não estavam convencidos. Afinal, quando foi a última vez que Britney apareceu para uma entrevista usando um casaco feito inteiramente de Caco, o sapo do *Muppets*?

Embora os tabloides tentassem provocá-la para retaliar, Gaga se recusava a isso. Só tinha coisas boas a dizer sobre seu ícone. “Britney é uma artista de muita classe em relação à maneira como lida com a mídia e acolhe os novos artistas”, disse Gaga. “Ela é sempre muito carinhosa; sempre admirei isso nela. Ela é demais. É incrível. Que eu saiba, jamais prejudicou ninguém."

Enquanto isso, Gaga, mais uma vez, estava tendo problemas em sua vida pessoal; a distância causava muita tensão em seu relacionamento com Speedy. Abalada, mas incapaz de se comprometer com ele com uma agenda tão frenética, Gaga terminou com o modelo, mas logo encontrou um substituto em Londres. O homem misterioso que foi flagrado jantando com Gaga e acariciando-a no restaurante Balans, no Soho, parecia um tipo bem comum junto ao vestido intergaláctico de Alexander McQueen que ela usava, mas claramente pouco à vontade sentado junto dela no táxi.

Ao mesmo tempo em que era vista trocando carícias com um homem misterioso e desejando estar namorando Beethoven, Gaga declarava ser esposa de Kanye West: "Estou casada com Kanye, a quem amo e admiro muito. Como eu disse, estamos casados."

Mas seu comportamento dissoluto era apenas fuga da mágoa e da solidão, e mais cedo ou mais tarde isso a atingiria. A separação de Speedy a conduziu de volta a todo o sofrimento que envolveu seu relacionamento com Lüc, que parecia pertencer a outro período da sua vida em Nova York.

"Você conhece a sensação de ter o coração tão terrivelmente partido que pode sentir o sangue pingando? Só quando tiver sentido isso poderá saber como estou", ela confidenciou ao *Sun*, sugerindo que sentia tanta saudade de casa que cancelaria suas obrigações promocionais no estrangeiro para voltar à América. "Estou com saudade de Nova York. Impossível dizer como sinto falta daquela cidade. Adoro tudo ali: o concreto, os bares, minha família, meus amigos..."

Embora parecesse estar fugindo de uma dor de amor, Gaga sempre afirmava que um homem jamais seria a resposta para seus problemas. "Eu, provavelmente, jamais vou me acomodar", ela declarou ao Showbiz Spy. "Parte de mim adoraria isso, mas a maior parte de mim sabe que isso nunca vai acontecer. Não acho que tenha sido feita para o amor e o casamento. A música e a arte são as coisas mais importantes da minha vida, e sei que, o que quer que aconteça, elas nunca vão me trair nem me magoar. Os homens quase sempre fazem isso."

Gaga descobriu da maneira mais difícil que teria de escolher entre a fama e o amor, porque os dois juntos jamais funcionariam. Ela rompera com Lüc porque ele queria que ela ficasse em casa e deixasse o show business, e agora rompia com Speedy devido à programação frenética de sua turnê. Amor e trabalho não eram compatíveis no mundo de Gaga, e jamais seriam.

Capítulo Vinte e Três
O último verão

O que quer que as pessoas possam ter pensado sobre Gaga, uma coisa era certa: ela não deixava que a opinião dos outros sobre sua vida amorosa a impedisse de fazer o que queria.

"Não preciso de um homem. Às vezes posso querer um, mas não preciso de um. Eu ganho o meu dinheiro, crio a minha arte e sei para onde estou indo", ela disse. "Penso que meus pais acreditavam que, a essa altura da vida, eu estaria casada, mas me rebelei contra isso a vida toda. Sou anticonvencional. Sou uma rebelde."

O *Sun* publicou que Gaga não tinha tempo para um namorado devido à sua agenda ocupada, dizendo que ela afirmara: "Sou solteira, viciada em trabalho e muito solitária." E, em seu estilo típico, Gaga acrescentou: "Mas estou bem. Eu e meu vibrador estamos contentes."

No entanto, nem todos estavam tão seguros quanto a isso. Os amigos íntimos da cantora temiam que ela estivesse caminhando para um colapso nervoso graças ao seu recente rompimento com Speedy e à sua inexorável ascensão para a fama.

"Tudo parece ter dado errado ao mesmo tempo para ela", disse uma fonte à revista *Look*.

"Ela rompeu com Speedy no mês passado, ao mesmo tempo em que a carga da turnê e de promoções incansáveis durante todo o ano passado a atingiu. Estamos preocupados que ela tenha um colapso nervoso se continuar desse jeito. Está, evidentemente, magoada e exausta, e deveria reduzir seu ritmo e cuidar de si. Mas, embora ela diga que destruiu sua vida, é como se fosse viciada em fama."

Com ou sem o apoio de uma relação romântica em sua vida, seus discos estavam tendo um impacto enorme nas paradas. No final de julho, ela tinha duas canções – "Poker face" e "Just dance" – entre as dez primeiras da lista Top 50 Digital Songs of All Time, o que era um feito notável.

O vídeo de "LoveGame" atingiu mais de 18 milhões de visitas no YouTube, e o *single* atingiu o número um na América, transformando Lady Gaga na terceira artista na história norte-americana a ter três canções número um em um álbum de estreia. Além disso, *The Fame* recebeu o disco de platina na Austrália, no Reino Unido e nos Estados Unidos.

Como reconhecimento formal de seu sucesso nas paradas, Gaga teve nada menos que nove indicações para o MTV Video Music Awards, o que a colocou ao lado de Beyoncé no maior número de indicações e lhe concedeu duas indicações a mais do que Britney Spears. As indicações incluíam Melhor Artista Iniciante, "Poker face" para Vídeo do Ano, Melhor Vídeo Feminino e Melhor Vídeo *Pop*; mas foi "Paparazzi" que conseguiu a maior atenção, com indicações para Melhor Direção, Melhor Edição, Melhores Efeitos Especiais, Melhor Cinematografia e Melhor Direção de Arte.

"Após anos de atividade na cidade de Nova York, onde fazíamos nossos vídeos em bares, eu e a Haus of Gaga estamos honrados em receber nove indicações para os VMAs de 2009", ela disse ao

MTV News, antes de continuar com a bizarra declaração: "Acreditamos na imensidão e na promessa do 'showbiz', e vamos continuar a lhe fazer respiração boca a boca até ele vomitar. Tudo de que se precisa é uma câmera portátil, um refletor e uma ideia realmente ótima. Obrigada MTV, por ser nosso líder nos vídeos, e por apoiar este monte de jovens inspirados, que amam se embriagar e fazer arte juntos."

A turnê *The Fame Ball* dirigiu-se para a Ásia, e para cumprir alguns compromissos e celebrar suas indicações, Gaga encontrou-se com Perez Hilton no Japão. Foram a um salão de beleza em Tóquio, onde tomaram champanhe, fizeram mãos e pés e conversaram muito. E, apenas para se dar um pouquinho mais de prazer por sua realização, após algumas taças de champanhe Gaga dirigiu-se a uma sessão noturna em um salão de tatuagens em Osaka.

Gaga apresentou-se para o show em Seul, na Coreia do Sul, vestida com um brilhante vestido dourado, confeccionado pelo *designer* coreano Lie Sang Bong, com a tatuagem totalmente cicatrizada e à mostra, para todos verem-na em seu bíceps esquerdo. Na tatuagem, uma citação de seu filósofo favorito, Rainer Maria Rilke: "*In the deepest hour of the night, confess to yourself that you would die if you were forbidden to write. And look deep into your heart where it spreads its roots, the answer, and ask yourself, must I write?*"*

Gaga sempre se sentiu conectada com a filosofia da solidão de Rilke, que ela achava estar presente em sua vida como musicista. "A solidão é algo com o qual você se casa quando é artista", escreveu ela no Twitter. "Quando se é um artista, a solidão é um lugar solitário que se abraça."

* "Na hora mais profunda da noite, admita a si mesmo que morreria se fosse impedido de escrever. E busque a resposta bem dentro do coração, onde ela dissemina suas raízes, e pergunte a si mesmo: eu tenho de escrever?" (N. T.)

Embora Gaga passasse grande parte do tempo no palco, movendo-se rapidamente e vestindo quase nada, sua agenda de estilo era muito diferente da próxima etapa da sua turnê, que incluía show em Tel Aviv e visita a Jerusalém.

Tendo frequentado um colégio de freiras na juventude, Gaga acredita em Deus e considera-se religiosa; por isso, estava realmente excitada para conhecer a cidade santa de Jerusalém. Por respeito, ela se cobriu em um modesto traje de calças compridas pretas, *top* preto, echarpe na cabeça e crucifixo quando visitou o Muro das Lamentações, na Cidade Antiga. Apesar disso, e de uma maneira tipicamente Gaga, quando se apresentou no palco disse ao público que queria que todos fossem para casa e fizessem amor.

Seu comportamento excêntrico continuou quando ela voltou ao Reino Unido para se apresentar no V Festival. E, nessa volta de Tel Aviv para o Reino Unido, Gaga foi flagrada no avião muito próxima de um homem misterioso – ninguém mais que seu diretor de criação, Matty "Dada" Williams. Uma fonte próxima de Gaga, porém, negou que o casal fosse qualquer coisa além de amigos, dizendo que essa era a maneira como a princesa *pop* agia com os amigos mais próximos.

Quando o avião aterrissou em Heathrow, Gaga manteve os *paparazzi* esperando enquanto permanecia no avião, terminando de ajeitar seu traje, para o desalento dos comissários de bordo, que tiveram de esperar que ela terminasse. Meia hora depois, emergiu com caninos falsos e longas unhas postiças, destinados a chocar, é claro. Desnecessário dizer que funcionou, e uma hora depois de sua chegada ela estava nas páginas de fofoca de quase todos os principais *websites*.

O visual inspirado em *Crepúsculo*, sem dúvida, veio de um ensaio de fotos que Gaga terminara de fazer com Ellen von Unwerth para a capa da revista gay *Out*. Ela explorou sua paixão por filmes B e por monstros quando Ellen a vestiu como um vampiro e um zumbi para o ensaio de fotos.

No dia seguinte à chegada na Grã-Bretanha, Gaga foi vista no salão exclusivo Percy & Reed de Londres, onde passou cerca de cinco horas cuidando do cabelo, fazendo as unhas, bronzeando-se artificialmente e colocando apliques, preparando-se para sua performance no V Festival. Sempre exigente, solicitou que um andar inteiro do salão fosse fechado apenas para ela, e enquanto esteve ali usou óculos escuros até para ir ao banheiro. E nos preparativos para o festival, comprou, não um, mas três *sprays* autobronzeadores da marca St. Tropez, para manter na pele aquele brilho de neon pelo qual se tornara famosa.

Para aumentar a loucura do pré-show, como parte de suas solicitações de acessórios para o V Festival, Gaga exigiu que os organizadores mantivessem uma xícara roxa com chá inglês o tempo todo à sua disposição! A ruidosa sala da Virgin Midia anunciou os planos de colocar *brownies* cintilantes para acompanhar o chá...

Talvez tenham sido os *brownies* que a distraíram, porque, vinte minutos depois do horário que deveria entrar no palco, ela ainda não tinha aparecido. A multidão começou a bater os pés e a vaiar, mas quando a manifestação passou para palmas, as luzes diminuíram e Lady Gaga terminou mal. Como se atrasara para a entrada no palco, os organizadores não a deixaram terminar seu número, de modo que só conseguiu tocar a versão acústica de "Pocker face" ao piano, pois o som foi desligado antes que tocasse a versão eletrônica, o que provocou um coro de vaias e insultos.

Furiosa, Gaga recorreu ao Twitter duas vezes para se desculpar com seus fãs. "Meus fãs eram adoráveis, e realmente mereciam ouvir 'Poker face'. Eu os adoro e sinto muito", ela disse, inicialmente. Acompanhando as desculpas, continuou: "O gerente de palco desligou o som porque cheguei cinco minutos atrasada ao V Fest. O show era incrível. É uma vergonha que as pessoas não tenham respeito pela música".

Esse não foi o último escândalo que Gaga enfrentou naquele verão. Na verdade, a impressão que dava é que as pessoas faziam fila para atingi-la. O *Daily Express* relatou que a cantora irlandesa Roisin Murphy declarara à mídia britânica que a cantora nova-iorquina roubara seu visual, supostamente dizendo: "Ela copiou meu estilo. Eu a conheci cerca de um ano atrás, antes de ela ser de fato um sucesso, e não imaginei que tudo isso aconteceria. Na época, ela ainda não usava ombreiras, e eu já. Lady Gaga é apenas uma imitação barata do que sou. Copiou meu estilo, pegou minhas ombreiras e tudo o mais. E notem que ela não usa calcinhas!".

Como de costume, Gaga não respondeu aos comentários, que, no dia seguinte, foram desmentidos pela própria Murphy!

"Eu NUNCA disse que 'Lady Gaga é uma imitação barata minha'. Essa citação foi totalmente forjada!", disse Murphy em uma declaração. "Respeito o trabalho de Lady Gaga como artista e como ícone da moda. Ela é uma *performer* muito talentosa, tocando piano, cantando ao vivo e dançando [...] Desejo tudo de bom a Lady Gaga. Ela é fantástica."

Com uma controvérsia esclarecida, outro grande escândalo se seguiu, dessa vez envolvendo a cantora e compositora Tori Amos, que pegou pesado com Gaga. Amos iniciou uma briga de celebridades nas páginas do *The Sun*, e citou Lady Gaga dizendo: "Ela é o que chamo de meteoro: cantores que entretêm as pessoas durante algum tempo. Ei, nada de errado com isso [...] A questão é: será que Lady Gaga se apresentará com Neil Young em Glastonbury daqui a vinte anos? Ela quer divertir as pessoas. Atualmente, metade do mundo está deprimido e precisa de diversão. Portanto, seu *timing* é perfeito".

Se tais palavras eram ou não verdadeiras, Amos não procurou o *Sun* para desmentir a declaração. E mais uma vez Gaga se absteve de comentar. Sabia que a imprensa – os tabloides britânicos, particularmente – adorava criar boatos e histórias só para vender mais. Além disso, nunca comparou seu sucesso com o de ninguém, e se recusava a ser atraída para uma batalha na mídia com quem quer que fosse.

Entretanto, houve uma questão que exigiu que Lady Gaga se pronunciasse. Era um escândalo que vinha sendo alimentado silenciosamente durante algum tempo e envolvia alegações de que ela não era uma mulher, mas, de fato, uma hermafrodita, ou seja, que possuía órgãos sexuais masculino e feminino.

Capítulo Vinte e Quatro
Boatos hermafroditas

Rumores sobre a sexualidade e o gênero de Gaga vinham flutuando pelo espaço cibernético há quase um ano, desde 11 de novembro de 2008, quando Christina Aguilera comentou que não sabia se Gaga era homem ou mulher.

Como grande defensora da comunidade gay e alternativa, Gaga abraçava os fãs que chamavam seu estilo de "*trannylicious*",* e dizia ter sido pesadamente influenciada pelo ambiente *drag*. Esse pano de fundo, associado à visão de um suposto pênis de Gaga, levou à disseminação de boatos de que ela era, de fato, hermafrodita.

A história explodiu na internet como um incêndio selvagem, começando quando alguém postou um vídeo de sua performance em Glastonbury, do trecho em que ela conta uma história ao público antes de apresentar "Money Honey". No trecho em questão,

* União das palavras "tranny" e "malicious" (transexual e malicioso). (N. T.)

ela está deitada sobre uma de suas lambretas, enquanto seus dançarinos a empurram até uma das extremidades do palco; então, ela sai da lambreta, impulsiona a perna para a frente e, enquanto olha para a frente, diz ofegante: "Acho que estou sem calcinhas".

Alguém, por certo, entendeu mal o que ela disse e interpretou como uma referência a um pênis. Fotos do vídeo foram colocadas em fóruns, com os fãs circulando o suposto pênis de Gaga, embora, evidentemente, examinando-se mais de perto, era nada mais que uma vulva.

Acrescentando combustível ao fogo, vários *websites* publicaram uma declaração supostamente atribuída à própria Lady Gaga, embora não se tenha conseguido rastrear a fonte original: "*Não se trata de uma coisa da qual eu me envergonhe; só não é algo que saia por aí contando para todo o mundo*", dizia o comentário. "*Sim, eu tenho as duas genitálias, tanto a masculina quanto a feminina, mas me considero uma mulher. É apenas um pequeno pênis, e realmente não interfere muito na minha vida. A razão de eu não ter falado a respeito disso é que, para mim, não é um problema, da mesma forma que não saímos por aí falando de nossa vagina. Acho que esta é uma grande oportunidade para fazer com que as pessoas com múltiplos gêneros se sintam mais à vontade com seu corpo. Sou sexy, sou gostosa. Tenho uma vagina e um pênis. Grande coisa!*"

De início, Gaga achou tudo aquilo engraçado e encarou como piada. Ela já falara abertamente sobre a sua bissexualidade no passado, e quando Jonathan Ross trouxe à tona os comentários de Christina Aguilera sobre não saber se Gaga era homem ou mulher, ela brincou: "De fato, tenho um pênis enorme".

No concerto em Manila, durante uma versão acústica de "Poker face", ela falou sobre isso ao público: "Recentemente, alguém me fez uma pergunta muito estranha. Perguntou-me: 'Lady Gaga, você tem um pênis?' E eu respondi: 'Sim, tenho, e é muito maior que o seu'". O público enlouqueceu, gritando e berrando seu nome.

A controvérsia atraiu muita atenção, parte dela indesejada. A ABC News chegou até a telefonar para o agente de Gaga, Troy Carter, para que ele fizesse um comentário sobre o assunto, mas Troy não estava para brincadeira e considerou aquilo uma manobra absurda por parte dos jornais. Troy disse que aquela declaração e os boatos eram totalmente ridículos, mas mesmo isso não foi o bastante para pôr um fim na história.

O *Daily Mirror* relatou que até mesmo Katy Perry se sentiu insultada com os boatos sobre sua amiga. Consta que tenha dito ao jornal: "Ora, por favor, isso é tudo muito deliberado. Ela sabe o que está fazendo. Ela colocou alguma coisa na calcinha, um miniacessório... Bendita seja ela se tiver um pênis, mas tenho certeza de que não tem".

Na verdade, não havia como Katy ter feito esse comentário, pois, quando o jornal imprimiu a história, ela estava em um voo de vinte e quatro horas vindo da Austrália. Perez Hilton saltou em defesa de Katy, declarando no Twitter que ela jamais deu qualquer entrevista à mídia britânica falando sobre Lady Gaga ser hermafrodita, e que a imprensa britânica estava fora de controle.

Finalmente, os rumores começaram a deixar Gaga nervosa. O MTV Video Music Awards se aproximava, mas, em vez de estar animada e dando uma série de entrevistas sobre isso, ela tinha de ler e reler constantemente notícias sobre essa história ridícula. Então, no início de setembro, quando lhe indagaram mais uma vez sobre o assunto em uma entrevista por telefone para o programa da rádio australiana *The Matt & Jo Show*, ela cortou a conversa imediatamente: "É muita baixaria para eu me dar ao trabalho de discutir". E disse: "Levei isso na brincadeira antes, mas discutir a respeito é ridículo. Sou uma musicista realizada e prefiro falar sobre meus fãs e sobre a minha música".

Em uma entrevista coletiva para a imprensa na Alemanha, para o lançamento de seus novos fones de ouvido Heartbeats, Gaga ficou furiosa com o caráter de Collien Fernandes, da TV alemã, que continuou a insistir no assunto, perguntando se Gaga tinha um pênis. "Minha vagina está ofendida com esta pergunta", disse Gaga furiosa, antes de Collien ser retirada da sala de imprensa pelos seguranças.

"Realmente, não entendo por que tanta irritação", disse Collien mais tarde. "É óbvio que alguém lhe faria esta pergunta depois de a foto estar em todos os lugares."

"Minha bela vagina está muito ofendida. Eu não estou ofendida, mas minha vagina está", retorquiu Gaga. "Vendi quatro milhões de discos em seis meses. Não estou constrangida a respeito de nada."

Na verdade, a garota de Nova York tinha suas próprias explicações sobre a obsessão de todos com sua genitália: "Eu acho que, mais do que qualquer outra coisa, é a reação da sociedade a uma mulher forte", ela disse à *MTV News*. "A ideia de que equiparamos força com homens, e que o pênis é o símbolo da força masculina, sabe... é isso aí. Mas, como eu disse, não estou de modo algum ofendida, mas minha vagina pode estar um pouquinho transtornada."

Como se os rumores sobre sua sexualidade não fossem bastante confusos, houve outra manchete bizarra que seus fãs tiveram de digerir: que ela tinha sido recrutada por Michael Bolton, cantor romântico, para compor algum material para seu novo álbum.

"Eu estava tirando uma folga da produção quando meu agente e o pessoal da gravadora entraram em contato comigo por telefone, para me propor parceria com uma jovem artista chamada Lady Gaga, da qual eu nunca tinha ouvido falar, mas por quem eles se mostravam delirantes. Disseram que ela era minha fã e queria compor comigo", disse Bolton ao *Metro*.

Ouvindo algum de seus discos, Bolton foi instantaneamente conquistado e soube que ela seria um enorme sucesso. O mesmo aconteceu com Gaga, que estava muito contente em conseguir penetrar em um estilo diferente de composição.

"Adoro Michael Bolton, sempre adorei", ela disse à *Newsweek*. "Encarei essa parceria como uma oportunidade excitante [...] Sempre fiz música dançante. Era uma oportunidade interessante trabalhar com alguém atemporal, como Michael, e compor uma balada. Fazer algo em que sou realmente boa, sem precisar fazer tantos shows."

Com os tabloides revirando os rumores sobre o hermafroditismo de Gaga e a estranha parceria dela com Michael Bolton, a Haus of Gaga, discretamente, se preparava para a performance de uma vida. Gaga apresentaria no MTV Video Music Awards uma performance que entraria para a história dos VMAs, e todos os membros da Haus estavam trabalhando duro na preparação do cenário e na coreografia da dança.

"Eu tenho esta filosofia sobre as coisas: nunca há uma razão para se fazer algo menos que memorável, menos que transformador, menos que inspirador de um movimento", disse Gaga à *Newsweek*. "Com a canção e com a performance, espero dizer algo muito grave sobre a fama e o seu preço." Ela ficou absolutamente calada sobre o que realmente faria no palco, só revelando que apresentaria um *single* recente, mas com uma interpretação diferente e mais dramática, baseada na arte da performance ao estilo de Nova York.

"Há menos de mim cantando a canção, e mais de uma instalação de arte", ela continuou. "Foi tudo muito bem projetado e pensado, e estamos planejando isso há meses. É, para mim, uma performance muito significativa, devido ao momento em que estou em minha carreira e também às experiências que tenho tido."

Independente de ela conseguir ou não açambarcar qualquer dos VMAs, havia ótimas notícias para Gaga nas paradas. Em 6 de setembro, ela foi oficialmente coroada rainha dos *downloads*, pois "Poker face" tornou-se a canção mais baixada desde que a parada dos *downloads* se iniciara, cinco anos atrás. Segundo a Official UK Charts Company, "Poker face" atingiu 779 mil vendas apenas em *downloads* para atingir o topo da parada, enquanto o *single* "Just dance" estava em terceiro lugar entre os *singles* mais baixados, com 700 mil vendas.

"Sinto-me honrada em ser a compositora e *performer* que está por trás das canções que estão em primeiro e terceiro lugares entre as mais baixadas de todos os tempos na história do Reino Unido", disse Gaga, eufórica com o sucesso incrível de suas músicas na Grã-Bretanha. Ela tinha um grande respeito por muitos artistas britânicos inovadores e um grande "fraco" pelos fãs britânicos.

Obcecada por fazer música, Gaga ainda encontrava tempo para compor enquanto viajava. "Acabei de escrever uma canção para meu relançamento, chamada 'The Fame Monster'", ela confirmou ao MTV Playground. "Acho que em moda, em música e em arte, tudo caminha nessa direção sombria, e por isso escrevi uma canção chamada 'Monster'. Trata da ideia de que a vida, depois que a fama acontece, é uma vida monstruosa, uma vida de horror. Por isso, partimos daquela ideia dos filmes de monstros da década de 1950 – algumas pessoas acham isso um pouquinho esquisito, mas nós da Haus achamos lindo."

Com os planos em ação para a turnê conjunta com Kanye West, *The Fame Kills*, e as engrenagens em movimento para o relançamento do álbum *The Fame Monster* em novembro, Gaga podia colocar todo o foco na preparação para os VMAs da MTV.

Seus ensaios eram bem guardados, e apenas um representante da MTV – o diretor de criação do VMA, Lee Lodge – tinha permissão para assistir. Todos estavam esperando algo incrível de Gaga; apenas não sabiam o que seria.

A grande noite – 13 de setembro – finalmente chegou, e como *performer* fantástica que era, Gaga tinha alguns trajes incríveis prontos para o show. Ela podia não ganhar nenhum prêmio, mas se certificaria de que as pessoas se lembrassem da sua presença.

Gaga chegou com estilo para uma das mais inesperadas entradas no tapete vermelho da noite, acompanhada por ninguém menos que o sapo Caco, dos *Muppets*. Em uma tentativa de não ser superada,

Gaga usava gargantilha de ouro e máscara de ouro com penas pretas, assinadas por Jean Paul Gaultier. Embora Caco não tivesse saído da limusine, Gaga não deixou de se despedir de seu acompanhante, inclinando-se através da janela e dando-lhe um beijo.

"Ele é realmente um bom acompanhante", ela disse ao *MTV News* no tapete vermelho. "É o nosso primeiro encontro, mas já faz tempo que estamos de olho um no outro."

Embora não estivesse no tapete vermelho, Madonna captou o primeiro traje de Gaga e achou que parecia resplandecente. "Acabei de ver Lady Gaga", ela disse com um sorriso. "Parece que ela está indo para o Carnaval de Veneza, muito bonita." E quando o *MTV News* perguntou-lhe se se sentia ameaçada pelas comparações, Madonna disse: "Não, estou muito lisonjeada".

Madonna foi a estrela da abertura do show, com sua fala emocionada homenageando Michael Jackson, seguida por um grupo de dançarinos que apresentaram uma mescla de canções do saudoso astro.

Gaga deixou todos tontos com suas mudanças de trajes, pois ficavam tentando acompanhar o que ela estava vestindo, desde o traje de penas pretas até o vestido de renda branca e o enorme adereço de renda na cabeça, que parecia orelhas de rato, passando pelo vestido branco translúcido almofadado com um bizarro círculo de penas emoldurando-lhe o rosto e deixando seu visual parecido com um leão, ao *collant* enfeitado de pérolas e, finalmente, o vestido de renda vermelha.

No entanto, as mudanças de trajes não depreciaram suas realizações. Gaga arrebanhou três "Moonmen" (o apelido do prêmio da MTV): Melhor Artista Iniciante ("Poker face"), Melhores Efeitos Especiais ("Paparazzi") e Melhor Direção de Arte ("Paparazzi").

Gaga e a Haus estavam eufóricas com os prêmios, e em todo o país membros do Fã-clube de Gaga gritavam. A Lady tinha vindo para ficar.

Olhando retrospectivamente para seu segundo *single*, é incrível que "Poker face" tivesse feito tanto sucesso, dado o trabalho que os dois cães deram durante a filmagem do vídeo. Mas o diretor Ray Kay sabia que a mágica se devia a uma única coisa: à artista especial que Gaga era.

"Esse vídeo é todo Gaga", ele disse. "Foi ela quem o tornou tão especial. Eu apenas tentei ajudá-la a criar aquele mundo. As pessoas costumam achar que os artistas são apenas produtos da indústria de discos ou que há pessoas por trás deles criando seus visuais, mas ela é o melhor exemplo que já vi de alguém que realmente cria seu próprio estilo e realmente é essa persona. Ela é fantástica", disse Ray Kay ao *MTV News*.

A filmagem de "Paparazzi" também não tinha sido perfeita; no entanto, os dois vídeos estavam recebendo prêmios VMA. "Foi um pouquinho estressante", lembrou Gaga. "Eu gritava com todo mundo o dia todo, porque era tudo tão detalhado e tão intrincado, e eu de fato queria que tudo fosse documentado da maneira adequada. Especialmente quando *designers* como Mugler lhe enviam arquivos incríveis, eles têm de ser bem filmados. Mas Jonas Åckerlund é um dos melhores diretores do planeta, e eu e a Haus trabalhamos meses e meses no tratamento do vídeo."

"Ele foi realmente inspirado por alguns temas sociais, como morte social, prostituição da fama, pornografia e assassinato. Acho que a pornografia e o assassinato são alguns dos gritos por atenção e fama mais desesperados no mundo. Quando homicidas ou assassinos seriais matam, eles deixam um rastro, ou dão a si mesmos um nome, ou voltam à cena do crime. Para mim, o vídeo precisava tratar disso. Precisava adicionar uma camada ao que a mídia pode realmente fazer para o artista. Tinha de tratar da morte social e do que ela implica. Portanto, o vídeo é sobre isso." E estes foram todos os temas que ela usou e explorou em seus shows ao vivo.

No entanto, não era pelos prêmios que o show seria lembrado. Assumindo o palco para sua performance, Gaga apresentou o que iria para a história da MTV como um dos shows de palco mais impressionantes de todos os tempos.

Ladeada por dançarinos e dançarinas, todos vestidos de branco, e ela própria de botas brancas até os joelhos, rendas, sutiã branco e máscara com apliques de contas e enormes chifres de penas, Gaga cantou alguns versos de "Poker face" antes de entrar em uma versão vigorosa de "Paparazzi", sua música preferida de *The Fame* e o vídeo que venceu seus dois prestigiosos prêmios.

Em alguns momentos da canção ela cambaleou pelo palco com uma bengala, enquanto uma dançarina girava por ali em uma cadeira de rodas, como a que aparece no vídeo. Gaga seguiu dançando até o piano, e o espancou e bateu nas teclas com as mãos e os pés. Então, levantou-se, cambaleou pelo palco, ainda dançando, e, de repente, viu-se sangue escorrendo de seu sutiã branco e descendo pelo seu torso. Ela tocou o sangue, esfregou-o nas mãos, no rosto e nos cabelos, e depois caiu no chão, inerte. Os dançarinos a levantaram, e ela foi içada acima deles por uma corda, onde ficou pendurada, coberta de sangue, olhando fixo para a audiência, enquanto um halo dourado era projetado na grande tela atrás dela. A audiência ficou completamente louca, aos gritos. Durante os aplausos, não havia ninguém sentado, todo o local explodiu em vivas e aplausos.

Foi uma obra-prima de arte; exatamente o que ela queria que fosse. Gaga dedicou a performance dramática de "Paparazzi" aos seus fãs: "Eu queria dizer algo honesto e real, e não apenas apresentar uma performance em que eu estivesse o tempo todo masturbando no palco o meu disco. Ele foi dedicado realmente aos meus fãs, que, eu sabia, estariam em casa gritando e desmaiando", ela disse.

Embora, sem sombra de dúvida, ela tenha apresentado a performance da noite, outros grandes ganhadores incluíam Beyoncé e Green Day, cada uma ganhando três prêmios, e Britney. Mas as boas vibrações desse VMA foram destruídas quando Kanye West irrompeu no palco, interrompendo o discurso de Taylor Swift. Ele arrebatou o microfone da mão dela e começou a berrar, dizendo que o vídeo de Beyoncé era muito melhor que o dela. Kanye e a namorada Amber Rose tinham bebido muito antes do início do show, e estava claro que ele estava fora de si quando entrou no palco.

Depois de ter sido retirado do palco, ele ainda mostrou o dedo para o público que o estava vaiando, num gesto obsceno. Até as celebridades tiveram de ser contidas – Pink caminhava ao lado de Kanye, balançando sua cabeça de desgosto, e teve de ser afastada pelos seguranças antes que iniciasse uma briga com ele. Kanye e Amber deixaram a cerimônia cedo e não foram vistos em nenhuma das festas que se seguiram à premiação.

Muitas pessoas consideraram as ações de Kanye um golpe publicitário. Ele já tinha um histórico de perda de controle em outros VMAs. Em 2006, no MTV Europe Music Awards, seu vídeo "Touch The Sky" perdeu para "We Are Your Friends", de Justice Vs Simian. "E nos VMAs em Las Vegas ele começou a falar impropérios após perder em todas as cinco categorias para as quais foi indicado", escreveu a *NME*. "'No ano passado, perdi para a merda dos Black Eyed Peas, cara! Nunca mais vou voltar à merda da MTV.' Mas ele voltou. É óbvio. Porque sabe que sai nas manchetes toda vez que vai lá."

De início todos acharam que a atitude de Kanye era brincadeira, mas logo perceberam que ele estava ali para valer. "Ele estava muito bêbado quando fez aquilo, mas isso não desculpa seu comportamento", disse Perez Hilton ao *MTV News*. "Lembro-me de ter lido entrevistas em que ele dizia que não costumava beber e que, agora, está bebendo muito, e quando alguém faz coisas como essa, em geral é por desespero [...] mas Kanye não precisa ficar desesperado. Ele é incrivelmente talentoso e bem-sucedido." Além disso, como Perez também apontou, foi uma grande publicidade, tanto para Kanye quanto para os VMAs. "No final, as pessoas adoram isso", ele acrescentou. "Todos estão falando a respeito, e é isso que eles querem."

Terminadas todas as festas pós-premiação e tendo a mídia examinado meticulosamente os fragmentos do show, Kanye usou muitas vezes o Twitter para se desculpar por suas ações, além de aparecer no programa de Jay Leno e em outros programas norte-americanos para se desculpar por seu comportamento. Ele tirou férias para relaxar e se recuperar porque, afinal, estava na hora de começar a se preparar para sua turnê conjunta com Gaga: a turnê *The Fame Kills*. Ele podia ter tido uma baixa com o ataque que fez à fala de Taylor Swift, mas recuperaria todos os fãs – e conseguiria alguns novos no processo – com o espetáculo com o qual os saudaria mais adiante naquele ano.

Capítulo Vinte e Cinco
The Fame Monster

Embora Gaga e a Haus já tivessem começado a ensaiar para *The Fame Kills* em seu grande e espaçoso armazém em Los Angeles, alguns observadores diziam que a turnê estava condenada devido às atitudes de Kanye em VMAs.

Desde a entrega dos prêmios, crescia o mistério em torno da turnê. *The Fame Kills* prometera mostrar uma extravagância visual que ameaçava revolucionar o espetáculo *pop*. Combinando a sensibilidade da "arte *pop*" de Gaga e os dotes teatrais urbanos elétricos de Kanye, *The Fame Kills* prometia ser o evento musical que eclipsaria todos os outros em 2009-2010.

Na esteira dos VMAs, Kanye apareceu em vários programas de TV para se desculpar publicamente por seu ataque, levando muitos a duvidar de que seria capaz de recuperar o prestígio a tempo do primeiro show. A fábrica de boatos finalmente se acalmou quando, no início de outubro, Gaga e Kanye anunciaram que tinham decidido adiar *The Fame Kills* para um futuro próximo.

Preocupado em estar perdendo o senso de realidade, Kanye decidiu voltar as costas à fama e à vida extravagante durante algumas semanas e relaxar – talvez receasse sofrer o mesmo destino que o nome da turnê sugere.

O cancelamento da turnê não foi a única controvérsia provocada pelos VMAs. De volta a Nova York, fontes relatavam que as freiras do Sacred Heart, a igreja católica que Gaga frequentara, estavam "chocadas e descontentes" com sua performance de falso suicídio no palco.

A performance de Gaga também despertou o interesse de algumas estrelas mundiais, que, pouco a pouco, se juntavam ao seu Fã-clube. A juíza Cheryl Cole, de *The X Factor*, disse à revista *Grazia*: "Sou uma grande fã do estilo de Lady Gaga, porque ela é muito corajosa e verdadeira, e sou fascinada pela maneira como ela se veste". Cheryl ficou tão encantada com seu estilo, que invocou Gaga em seu vídeo "3 Words", usando uma longa peruca loira e um véu preto.

Cheryl não foi a única celebridade a mostrar apreciação pela estrela *pop* de Nova York. Ashley Tisdale, Taylor Swift e até Lindsay Lohan estavam entre as famosas que comentavam no Twitter o quanto gostavam das músicas de Gaga.

Além de conquistar muito amor por parte das celebridades, Gaga estava obtendo reconhecimento oficial. Ela ganhou o Melhor Vídeo no Q Awards por "Just dance", e foi homenageada por seu senso de moda intuitivo e excêntrico com um prêmio de Criação de Estilo dos Accessories Council. Ela foi obtendo reconhecimento não apenas por suas contribuições para a música e para a moda, mas também por suas incríveis realizações como mulher no evento anual Women in Musica da revista *Billboard*. Realizado em homenagem à cidade natal de Gaga, Nova York, o evento concedeu-lhe o prêmio de Artista Promissora do Ano, enquanto Beyoncé recebeu o prêmio de Mulher do Ano.

Fontes que viram as duas divas *pop* – que estavam sentadas a apenas duas mesas de distância uma da outra – relataram que elas conversaram depois da entrega dos prêmios. Beyoncé há muito admirava o senso individual de estilo e o talento para performance de Gaga, e, enquanto conversavam, sugeriu que seria ótimo se as duas colaborassem em um projeto, talvez contribuindo com vocais para as faixas do álbum uma da outra. Olhando por sobre os ombros para garantir que não estavam sendo ouvidas, concordaram em se encontrar alguns dias depois em um estúdio de Nova York, para trabalhar em uma nova música que Beyoncé havia iniciado.

A turnê *The Fame Kills* pode ter sido cancelada, mas Gaga se mantinha ocupada. Desapontada por não ter conseguido executar seus planos com Kanye, ainda considerava fazer uma turnê solo em março de 2010 e, por isso, decidiu adiantar as datas e partir para o mundo sozinha.

"Saio para uma TURNÊ solo neste mês de novembro", digitou ela em seu BlackBerry e postou no Twitter, mas seu bom humor diminuiu quando recebeu um *e-mail* de sua gravadora, dando notícia de que o novo *single* – 'Bad Romance' – vazara *on-line*. Era uma versão demo inicial e bastante rudimentar, mas, mesmo assim, Gaga ficou furiosa. Voltou imediatamente ao Twitter, dizendo a seus fãs que a versão que vazara fazia seus ouvidos sangrarem.

Planejava lançar o *single* no programa humorístico de TV *Saturday Night Live*, para o qual era a estrela convidada. Mas se os espectadores não ficaram completamente surpresos com a música, a maioria deles ficou boquiaberta ao ver Gaga em um quadro de comédia com Madonna. Em um dos quadros do programa, a dupla simulava uma briga, e Madonna perguntava a Gaga: "Que diabos é um 'bastão' de dança?", fazendo a audiência explodir em risos. Gaga eclipsou totalmente o apresentador do show, Ryan Reynolds, e sua performance foi mais uma vitória em sua carreira.

Madonna era, então, a segunda estrela de quem Gaga se aproximava naquele outubro de 2009.

Depois da conversa inicial com Beyoncé sobre a colaboração da dupla em algumas canções, Gaga se dirigiu a um estúdio ultrassecreto em Nova York para trabalhar no vídeo para "Video phone". Além de exibir algumas incríveis criações de moda, "Video phone" viu Gaga invocar o estilo da ex-Destiny's Child, com cachos longos e flutuantes e usando um *collant* branco para as cenas de dança.

"Quando estávamos fazendo o vídeo, ela me telefonou e perguntou: 'O que você quer fazer?'", Gaga explicou. "E eu respondi: 'Não quero aparecer com algum arco estranho na cabeça e ser a Gaga *fashion* em seu vídeo; quero fazer você. Quero fazer a minha versão de Beyoncé'. Então, durante todo o tempo em que eu estava aprendendo a coreografia, eles me chamavam de Gee-yoncé!"

O toque de Gaga – transformando tudo em ouro – estava fazendo até seus amigos da Haus of Gaga brilharem por associação. Sua DJ, a glamorosa Lady Starlight, pegou um jato para Londres para comandar uma festa de Halloween que estava sendo realizada em um local secreto. Sua "lista de compras" de acessórios fez as exigências de Mariah Carey parecerem modestas. Supostamente, a lista bizarra de Starlight continha, entre outras coisas: uma travessa de sushi misto servido sobre gelo; uma garrafa de champanhe Krug Rose gelada; cinco garrafas de Jack Daniel's; uma travessa apenas com frutas amarelas e laranjas frescas, incluindo carambola e maracujá; um bastão e duas dançarinas (uma loira e uma morena, ambas com no mínimo 1,75 metro de altura); espelhos de corpo inteiro em todas as paredes do quarto, incluindo o teto; três garrafas de nitritos de alquila; brinquedos sexuais variados; dois filhotes de ouriço e um gato persa; uma estrela colocada sob o nome de Lady Starlight; edição limitada em vinil de *Sound House Tapes 7"* de Iron Maiden; um fã em cada aposento e uma máquina de vapor. Nunca perdendo a chance de uma festa, Starlight não deixou barato o show do Halloween.

Infelizmente, Gaga, que tinha voltado para a América, não pôde comparecer à festa. Embora tivesse sido um arraso nos VMAs e recebido vários prêmios, as coisas em casa estavam tomando um rumo nebuloso. Antes de tudo, ela ficou profundamente perturbada com a notícia de que Rumpus, um dos grandes cães dinamarqueses que tinham aparecido em seus vídeos, falecera com apenas 5 anos de idade. Gaga planejara usar Rumpus e sua mãe em mais projetos de vídeo e filme, e toda a Haus lamentou a morte do cão.

A de Rumpus não foi a única morte estranha a assombrar a Haus no final de 2009. Quando Gaga foi ao ACE Awards, usou um véu preto sobre o rosto, como uma viúva. Quando entrava no prédio, ela pisou no tapete vermelho e escorregou; no instante seguinte, bem à sua frente, caiu A. J. Sokalner – fotógrafo de celebridades que trabalhara no tapete vermelho naquela noite – vítima de um ataque cardíaco, e foi levado às pressas para o hospital, onde logo depois foi declarado morto.

Embora Gaga não conhecesse o fotógrafo pessoalmente, muitos jornais e *websites* mostraram seu véu de viúva, ponderando se o traje e a morte dele estariam de algum modo relacionados. É claro que a Haus sabia que isto não era verdade, mas ninguém conseguiu deixar de achar que havia algo sinistro em ação. Quando Gaga era adolescente, lhe haviam dito que as coisas ruins sempre acontecem de três em três, e ela estava assustada, pensando em qual poderia ser a terceira.

Apenas alguns dias depois a terceira coisa se revelou, e foi bem pior do que ela poderia imaginar. Seu pai se queixou de dores no peito e foi levado às pressas para o hospital, de onde veio a notícia de que teria de ser submetido a uma cirurgia séria. Gaga, no mesmo momento, pediu que lhe deixassem pagar as despesas. "Eu ainda não comprei nada com o dinheiro que ganhei com meu novo álbum", implorou ela ao pai. "Deixe-me lhe comprar um novo coração, papai." E, olhando para o rosto determinado de sua filha mais velha, ele respondeu: "Está bem então".

"A cirurgia era muito necessária", ela declararia posteriormente. "Foi o maior pesadelo da minha vida. Meu pai é todo o meu mundo; sou a garotinha do papai."

Ela informava os fãs sobre a situação pelo Twitter, enquanto ficava com o pai no hospital. "Meu pai fez hoje uma cirurgia de coração aberto. E após longas horas e muitas lágrimas, eles curaram seu coração partido, e também o meu. Estou sem fala", digitou em seu BlackBerry. Mais tarde, atualizou a mensagem: "Estou no hospital, massageando os pés de papai enquanto ele dorme. Ele é o meu herói".

Tranquilizada, sabendo que seu pai estava em boas mãos e se recuperando bem, Gaga conseguiu voltar sua atenção para a promoção de *The Fame Monster*. Inicialmente, planejara relançar seu álbum de estreia, *The Fame*, com uma embalagem de luxo, contendo oito canções novas, incluindo o principal *single*, "Bad Romance".

Todo o novo material tinha sido escrito enquanto ela viajava pelo mundo durante os dois últimos anos. Gaga decidira escrever sobre tudo o que não tinha escrito em *The Fame*. "Na verdade, nunca decidi sobre qualquer coisa que quisesse escrever", ela disse. "Simplesmente, sentia a urgência de escrever sobre o que estava passando – meus medos e meus monstros. Durante tanto tempo fui tão ambiciosa e sonhadora, que não estava sentindo muito as coisas."

Esses monstros se aproximaram de Gaga principalmente enquanto ela viajava pela Europa, promovendo *The Fame*. Ela tinha sofrido várias influências, e as combinou em uma vibração eletrônica para seu novo material. *The Fame Monster* nasceu como uma experiência *pop*, com componentes de batidas góticas, industriais, melodias de dança dos anos 1990 e sua obsessão com o espírito lírico do *pop* melancólico dos anos 1980. "Eu compunha enquanto assistia a programas de moda sem som, e tenho de confessar que minha música foi marcada por eles", ela explicou.

Trabalhar no visual de *The Fame Monster* foi quase tão importante para Gaga quanto na própria música. Ela queria se certificar de que contivesse um sentimento mais sombrio e mais tenso do que *The Fame*, porque, embora abrangesse o mesmo *pop* elétrico inteligente, havia surgido de um espaço criativo diferente.

"Eu tive muitas discussões com minhas gravadoras sobre as capas do álbum, porque eram clássicas e simples", disse Gaga ao *MTV*

News. "E há uma imagem minha com o cabelo muito escuro, chorando, e eles diziam, 'Isso é soturno demais e ninguém vai entender'." Mas Gaga sabia que não deveria subestimar seus fãs. Sabia que eles entenderiam, e a entenderiam. Ela acreditava piamente neles.

Para montar seu novo álbum, Gaga colaborou com seu velho amigo RedOne, que, depois de se tornar pai, estava voltando a trabalhar. Tendo produzido a maior parte de *The Fame*, RedOne tinha um ótimo relacionamento de trabalho com Gaga, o que prometia produzir algumas faixas substanciais. Além de RedOne, Gaga convocou alguns outros produtores que conhecia e em quem confiava para trabalhar com ela no restante do material, incluindo pesos pesados do *pop* e do rock urbano, como Teddy Riley, Rodney Jerkins, Ron Fair e Fernando Garibay.

Embora impulsionadas principalmente por sintetizador, as oito faixas tinham estilo variado. RedOne trabalhou com Gaga no *single* pesado e mais importante, "Bad Romance", que foi gravado e produzido em Amsterdã, e apresenta um vídeo de vanguarda, futurista. RedOne também trabalhou na épica balada *pop* "Alejandro" e no sucesso das casas noturnas "Monster" (que foi escrito sobre o medo de Gaga de se relacionar e vir a amar alguém que fosse ruim para ela: "Se você prestar atenção na letra, ela fala o tempo todo de estar apaixonada pelo cara errado, e de continuar repetindo isso", ela explicou). RedOne também ajudou a compor a canção *pop* mais relaxada "So happy I could die", que fala de estar feliz em um clube noturno bebendo vinho tinto, claro – a bebida favorita de Gaga.

A canção preferida do álbum de Gaga é a balada "Speechless", que ela escreveu sobre a possibilidade de perder o pai. "Minha mãe me telefonou e eu estava muito deprimida", disse Gaga. "Eu estava em turnê e não podia abandoná-la; então, fui até o estúdio e compus esta canção, 'Speechless', que é sobre esses telefonemas. Meu pai costumava me telefonar depois de ter tomado alguns drinques, e eu não sabia o que dizer. Ficava sem fala; temia perdê-lo enquanto eu não estivesse lá."

Entremeado com faixas dançantes, *The Fame Monster* estava definitivamente destinado a fazer as pessoas dançarem. "Telephone" foi inicialmente destinado a ser um *single* para Britney, mas, felizmente para os fãs de Gaga, a garota de Nova York compôs "Telephone" praticamente sozinha, com uma pequena ajuda da sua nova amiga Beyoncé. A combinação de divas funcionou bem no "Video Phone" de Beyoncé, e teve um efeito mais forte ainda em "Telephone". Os fãs também pareciam concordar, pois a canção contagiante atingiu o topo das paradas de *playback* em países do mundo todo.

Sempre preocupada em ser generosa com os fãs, Gaga decidiu lançar *The Fame Monster* em vários formatos diferentes. Na Europa, foi lançado como um disco adicional ao seu álbum de estreia, *The Fame*, enquanto nos Estados Unidos *The Fame Monster* estava disponível como um CD separado. Para os fãs que tinham mais dinheiro para gastar, Gaga proporcionou uma experiência de álbum ainda mais excitante, com uma versão *digipak* de edição limitada. Enquanto para seus fãs super-ricos e superdedicados ela lançou uma edição de livro de arte de luxo para colecionador, oferecendo uma espiada na Haus of Gaga, ela apresentava música, moda, arte e fofoca, e incluía as oito novas faixas, fotos, pôsteres, quebra-cabeças, o álbum original *The Fame*, fanzines, um Book of Gaga numerado individualmente, uma coleção de bonecas de papel, um bilhete da própria Gaga e até um cacho de seu cabelo!

A decisão de lançar o livro de arte era pura Gaga. Desnecessário dizer que os fãs a adoraram, e o livro vendeu em poucos dias, só estando disponível a pedido. Seus fãs nunca tinham o suficiente de sua música, como foi evidenciado quando "Bad Romance" entrou direto em nono lugar nos Hot 100 da *Billboard* na América, tornando-o o quinto *single* de Gaga nos Top 10 na América, enquanto "Paparazzi" continuava em sexto lugar.

Embora "Bad Romance" estivesse indo bem na parada de *downloads*, o vídeo já tinha sido visto milhares de vezes e conseguido captar a essência de um forte espírito feminino, pois, nele, Gaga se vê raptada por um grupo de *supermodels* ciumentos.

"Há uma tomada no vídeo em que sou raptada por *supermodels*", ela explicou. "Eu estava lavando meus pecados e eles me derramaram vodca garganta abaixo, para me drogar antes de me vender para a máfia russa."

No entanto, o aspecto mais controvertido do vídeo foram os óculos feitos de lâminas de barbear. Gaga explicou um pouco mais sobre eles: "Eu queria desenhar um deles para algumas das garotas mais fortes, e algumas das minhas amigas – não façam isso em casa! – costumavam manter lâminas de barbear no canto da boca. Esse espírito feminino forte é algo que quero projetar. Significa: 'Este é o meu escudo, esta é a minha arma, esta é a minha percepção interna da fama, este é o meu monstro'."

The Fame Monster vendeu centenas de milhares de cópias, pois os fãs ansiosos do mundo todo pegavam qualquer formato que conseguissem, enquanto aguardavam ansiosamente a chegada da turnê *The Fame Monster*.

Como aquecimento antes do início da turnê, Gaga pegou um avião para Los Angeles, para se apresentar no evento anual para arrecadação de fundos do Los Angeles Museum of Contemporary Art. Lá, uniu-se a celebridades, como Brad Pitt, Angelina Jolie, Eva Mendes, Gwen Stefani e Jessica Alba, percorrendo as galerias repletas de obras de Jackson Pollock e do herói de Gaga, Andy Warhol. Entretanto, a performance de Gaga intitulada "The shortest musical you will never see again" superou todas as obras de arte ali expostas.

Orquestrada pelo artista Francesco Vezzoli, "The shortest musical you will never see again" apresentou Lady Gaga no papel principal, cantando "Speechless", de *The Fame Monster*, e tocando um piano Steinway giratório, pintado por Damien Hirst. Ao lado dela dançavam bailarinos do balé russo Bolshoi, enquanto

Vezzoli executava um rendado interpretativo para sua canção. Foi um espetáculo fantástico, que deixou a audiência hipnotizada.

Gaga estava a milhares de quilômetros do local onde sua turnê deveria começar, mas teve a oportunidade de realizar uma prévia no American Music Awards. Para apresentar "Bad Romance" e "Speechless", Gaga usou um *collant* cor da pele e subiu em uma caixa de acrílico transparente para tocar piano. Este, então, irrompeu em chamas, e ela foi cercada por violinistas com máscaras de gás. Embora Gaga não tenha vencido nenhum prêmio, seu nome ficou na boca de todos após o show.

Quando voou para Montreal, para a primeira apresentação de sua turnê solo, ainda estava rechaçando os rumores de que havia brigado com Kanye devido à turnê *The Fame Kills*. Muitas pessoas queriam saber se ela levaria alguma coisa da parceria com Kanye para sua turnê *The Fame Monster*, mas Gaga foi inflexível ao afirmar que respeitava a parceria com Kanye. "Sou, certamente, inspirada pelo que estávamos fazendo, mas decidi não usar nada do que tínhamos planejado fazer fazer juntos", ela disse à revista *Rolling Stone*.

"Só não era o momento certo [de sair em turnê com West]. Não quero me deter muito nisso, em respeito à privacidade de Kanye, mas tivemos nossas próprias razões. Somos amigos de verdade, e amigos nesse grau podem tomar decisões como essa; quisemos manter a dinâmica em andamento, em termos de a música *pop* continuar inovadora com o *hip-hop* e o R&B, e, de fato, quisemos fazer isso, mas não era o momento certo. Mas quem disse que isso não vai acontecer no futuro?"

Gaga e a Haus dedicaram muito tempo e esforço ao planejamento de um show que sobrepujaria todos seus esforços passados. "Projetei um cenário com a Haus of Gaga que é essencialmente uma estrutura com uma perspectiva forçada, e a estrutura é colocada no palco", ela disse enigmaticamente. Sobre a concepção da turnê, explicou que a Haus "começou a conversar sobre evolução, a evolução da humanidade, e como começamos como uma coisa e nos tornamos outra".

Havia uma grande atmosfera de mistério cercando a turnê. A Haus of Gaga proibiu a entrada de qualquer membro da imprensa aos ensaios do show, e também não destinou ingressos para a imprensa. Não precisavam disso. Após o ocorrido com Kanye West, a turnê foi extremamente divulgada, esgotando os ingressos das apresentações em horas. E Gaga certificou-se de que seu show mereceria toda aquela badalação.

Após os números de apoio deixarem o palco, Gaga escondeu-se do público atrás de uma tela de vídeo. Iluminada por *lasers* verde e vestida com um macacão espacial prateado, adornado com pedrarias (e maquiagem combinando, claro!), ela deu início ao show com a nova canção: "Dance in the dark", de *The Fame Monster*. Ela era um choque elétrico no palco, chicoteando o teclado prateado, caminhando pelo palco, e desaparecendo entre as canções para trocas de roupa, que incluíam *collants* cor da pele, vestidos dourados, adereços de cabeça dourados no estilo Cleópatra, trajes de couro preto com alças e jaqueta de plumas pretas. Gaga saiu do palco para muitas trocas de roupa, mas deixou dançarinos, vídeos projetados em telas imensas e uma banda completa entretendo o público. E ninguém pareceu se importar com seu guarda-roupa constantemente modificado.

E, embora as músicas dançantes como "Just dance" e "Poker face" fizessem todos se mexer, houve algumas mudanças de comportamento durante o show, como quando Gaga assumiu o piano para cantar baladas, como "Speechless", e também para a versão acústica de "Poker face".

Mas não foram os trajes ou as canções que tomaram conta das manchetes sobre a turnê. Mais uma vez, foram as performances audaciosas de Gaga no palco que colocaram em ação alguns dedos e línguas. Sem tentar esconder sua sexualidade, Gaga abriu muito as pernas ao se sentar ao contrário em uma cadeira durante "Paper gangsta", e a notada *ménage à trois* que ocorreu no palco escandalizou os jornais que cobriam o evento. Durante "Alejandro", Gaga foi até mesmo carregada pelo palco por um dos dançarinos, que a levantou segurando-a apenas entre as pernas. Em outra coreografia, seus seios foram tocados por ela mesma e, mais uma vez, por um de seus dançarinos!

Evidentemente, Gaga sabia o que estava fazendo. Combinara a sensualidade e a energia da juventude atual, e a audiência gritava e pedia mais quando ela apresentou "Bad Romance", a música final do show, vestida com jaqueta branca fechada até o pescoço, estilo banda militar, e calças de cintura alta.

A turnê foi um grande sucesso não apenas para a própria Gaga, mas um triunfo para todos aqueles que trabalharam incessantemente por trás das cenas. Ela elevou o perfil da Haus of Gaga, que continua sendo uma das equipes de *design* mais misteriosas da indústria da música atual. Além de desenhar e confeccionar todos os trajes de Gaga, o grupo secreto constitui a espinha dorsal da estrela – ou sua família da vida *pop*, se preferir. "Eles são meus melhores amigos", ela disse.

"Não sei com certeza o que o mundo acha [...] mas ouço coisas como: 'Quem é Haus of Gaga?' ou 'Você vai lançar uma linha de moda?' E ninguém entende o que é. Não é uma mercadoria nem algo que se destine à venda. É um vínculo e um relacionamento real, e é isso o que penso sobre a música e a arte. Eles são meu coração e minha alma. Acreditam em mim e olham para mim como uma mãe, uma filha, uma irmã – com orgulho e amor."

Gaga sabia que a turnê ofereceria a seus fãs uma experiência da qual jamais se esqueceriam, mas quando terminou os primeiros shows e levou a turnê para 2010, a pergunta que continuava nos lábios de todos era simples: como ela poderá superar isto?

Este livro foi composto em Sabon MT
para Texto Editores Ltda.
em julho de 2010.